HISTOIRE NATIONALE

DE

LA BASTILLE

1370-1789

RÉCIT AUTHENTIQUE ET VRAI

SUR SA FONDATION — SON RÉGIME — SES PRISONNIERS CÉLÈBRES — LA PRISE DE CETTE FORTERESSE
ET SA DÉMOLITION

PAR

H. GOURDON DE GENOUILLAC

Auteur de *Paris à travers les siècles*

PARIS

F. ROY, ÉDITEUR

RUE SAINT-ANTOINE, 185

—

1880

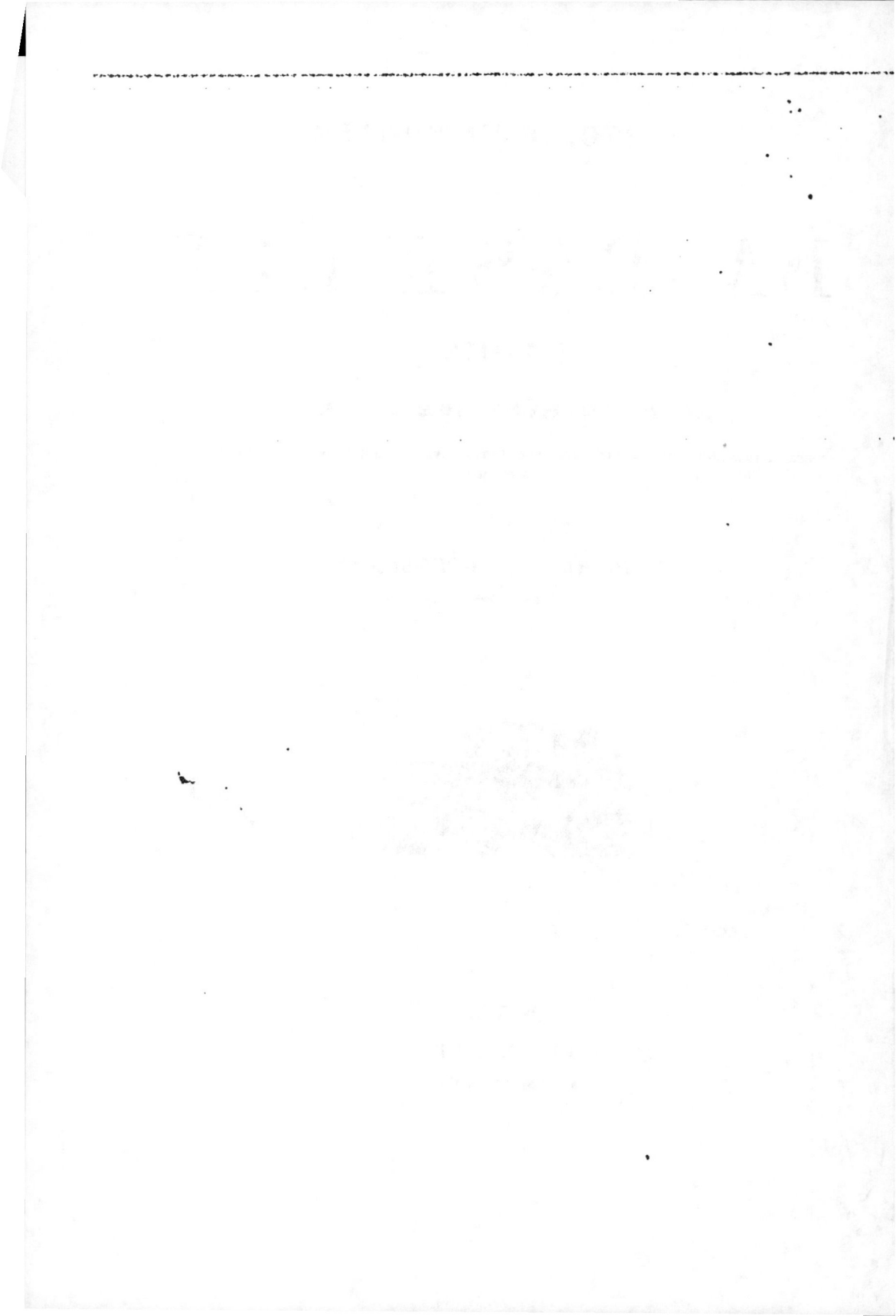

HISTOIRE DE LA BASTILLE

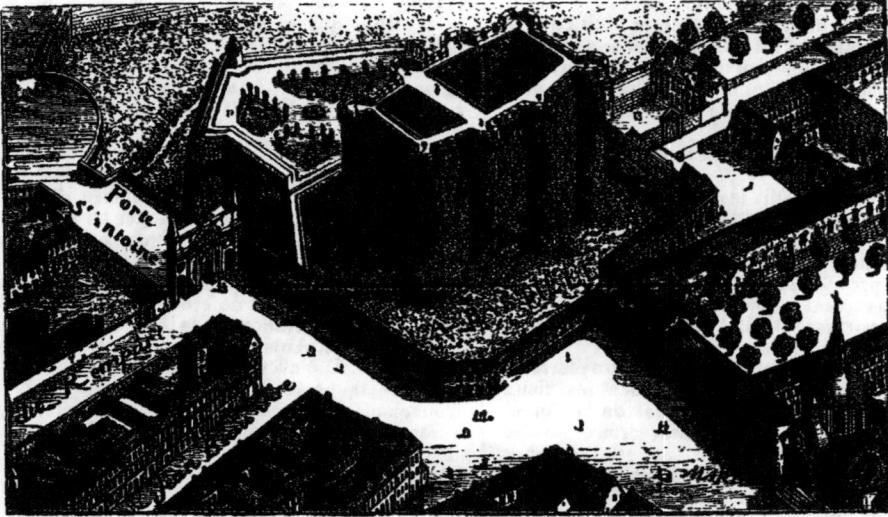

Vue de la Bastille à vol d'oiseau, en 1553.

I

HISTOIRE DE LA FORTERESSE

La Bastille! ce nom est exécré dans l'histoire et le peuple de Paris a conservé, longtemps encore après qu'elle fut jetée à bas, une vague terreur du mot qui résonnait à son oreille comme l'expression la plus complète de l'épouvante.

La Bastille! c'était là qu'on souffrait, qu'on gémissait, qu'on versait des larmes de sang, c'était là qu'on entrait jeune, ardent, fort, et de là qu'on sortait vieux, désespéré, anéanti! C'était là qu'on pouvait être oublié pendant des années, sans qu'on eût aucun moyen de se rappeler au souvenir de ceux qui, vous sachant dans ce lieu de misère et de désolation, ne pensaient même plus que vous pussiez compter au nombre des vivants.

Chose étrange, c'était surtout la prison des nobles, qui y étaient envoyés pour une pec-cadille, et elle inspirait le plus grand effroi au peuple qui mesurait dans sa pensée la portée du châtiment à la qualité des gens qui, malgré tous les privilèges dont ils jouissaient, n'avaient pas celui d'échapper à la Bastille.

Et cette égalité des petits et des grands devant la forteresse qui les englobait comme un monstre insatiable, la rendait plus terrible encore aux yeux de tous.

De même que la mort frappe indistinctement princes et portefaix, millionnaires et mendiants, la Bastille ouvrait ses portes au gentilhomme comme au laquais, et une fois qu'on y était, on se demandait avec terreur quand on en sortirait.

Mais encore une fois, nobles, traitants, financiers, gens de robe et d'épée étaient plutôt exposés à y être envoyés de par la volonté royale que le menu peuple dont la véritable bastille était Bicêtre.

Et ce qui constituait cette juste appréhension de tous contre la vieille Bastille, c'était justement cette ignorance absolue de la durée du séjour que le prisonnier devait y faire. L'homme condamné à un temps limité d'emprisonnement finit par prendre son mal en patience ; chaque jour qui s'écoule est un acheminement vers l'heure de la liberté qu'il doit recouvrer ; à la Bastille c'était le terrible inconnu !

Et pendant des siècles il en fut ainsi.

. . . .

On donnait jadis le nom de bastille ou bastide à toute fortification de pierre ou de bois élevée pour garder un passage.

Charles V fit bâtir la bastille Saint-Antoine pour protéger généralement Paris, mais particulièrement le quartier Saint-Paul qu'il créa en construisant l'hôtel Saint-Paul, désormais la résidence des rois de France.

Hugues Aubriot posa la première pierre de la forteresse en 1370, et cependant les vieux historiens du Breul, Piganiol de la Force, Belleforest, semblent laisser croire qu'elle existait déjà avant cette époque, en disant qu'Étienne Marcel, prévôt des marchands, s'y rendit pour effectuer sa trahison, car on sait qu'il méditait de livrer Paris aux Anglais et aux Navarrais ; Etienne Marcel, en effet, fut puni de mort par la justice populaire à la porte Saint-Antoine[1]. Mais comme à cette époque le nom de Bastille, ainsi que l'a fait très judicieusement remarquer Jaillot dans ses recherches, était donné à tout ouvrage fortifié, tour ou redoute dont un ouvrage défendait l'approche, on appelait alors la porte Saint-Antoine, le châtel Saint-Antoine et aussi la bastide et la *bastille* Saint-Antoine. Il est donc certain que c'était l'ouvrage fortifié de la porte Saint-Antoine qu'on désignait ainsi, et que c'est là ce qui causa l'erreur des historiens qui crurent qu'Hugues Aubriot n'avait fait que réparer la Bastille.

L'état du royaume, au commencement du règne de Charles V, faisait tout craindre de la part des Anglais, et la double enceinte qu'Étienne Marcel avait fait construire en 1356, n'était pas suffisante pour arrêter leurs efforts, c'est ce qui détermina Charles V à ordonner que l'on complétât les fortifications de Paris.

Ce fut alors qu'Hugues Aubriot conseilla à Charles V de remplacer la bastille Saint-Antoine par une forteresse qui, tout en protégeant l'entrée de la ville de ce côté, servirait en

Paris à travers les siècles, par H. Gourdon de Genouillac, belle édition illustré en cours de publication chez Roy, éditeur (1er volume.)

même temps de prison d'État et opposerait une barrière inexpugnable aux tentatives d'assaut qui pourraient être faites et aux entreprises d'un siège régulier.

Donc, le 22 avril 1370, le prévôt de Paris, Hugues Aubriot, posa la première pierre de la Bastille, qui se composa seulement de deux grosses tours hautes de soixante-treize pieds, au milieu desquelles se trouvait l'ancienne porte Saint-Antoine, et, devant, le pont-levis qui s'abaissait sur le fossé entourant le tout.

En 1374, ces travaux étaient terminés, mais on continuait toujours à fortifier Paris ; on élevait des fortins pour la défense des autres portes, et, sans rien changer au plan général primitivement adopté par Étienne Marcel, on perfectionna son œuvre, en exhaussant le mur d'enceinte, en multipliant les tours, en achevant de creuser les fossés dans la partie méridionale de la ville.

De son côté, Aubriot, jugeant son œuvre incomplète, fit élever deux autres tours pour protéger la porte Saint-Antoine ; elles se trouvaient en face des premières, et elles eurent aussi une porte entr'elles et un fossé ; Charles V pouvait dormir tranquille dans son hôtel Saint-Paul.

Mais à Charles le Sage succéda Charles le fou, et, sous son règne, le prévôt Aubriot apprit à ses dépens, qu'en multipliant les bastilles et les fortins pour sauvegarder la ville, il n'avait fait que mécontenter la population, qui lui reprochait les dépenses excessives que ces travaux de fortifications avaient coûté, et la rigueur dont il n'avait cessé de faire preuve envers le pauvre monde ; de son côté, l'Université lui reprochait la construction de deux cachots qu'il avait fait construire pour les écoliers ; bref, il fut cité devant l'évêque de Paris, qui le condamna à faire pénitence perpétuelle, « au pain de tristesse et à l'eau de douleur » ; et il fut d'abord enfermé dans un de ces cachots de la Bastille qu'il avait édifiée ; mais, comme on craignait que les oncles du roi Charles VI ne l'en fissent sortir, l'Université le réclama, et on l'envoya dans la prison de l'évêché, d'où les Maillotins le tirèrent l'année suivante.

Les troubles causés par les Maillotins apaisés, Charles VI fit encore augmenter la Bastille, en ordonnant la construction de quatre autres tours, qu'il fit entourer d'un fossé, en détournant le chemin sur la gauche.

Ces huit tours furent reliées toutes ensemble par des massifs épais, et, en 1553, on acheva le tout, en y ajoutant une courtine, flanquée de bastions bordés de larges fossés à fond de cuve. Les propriétaires de Paris

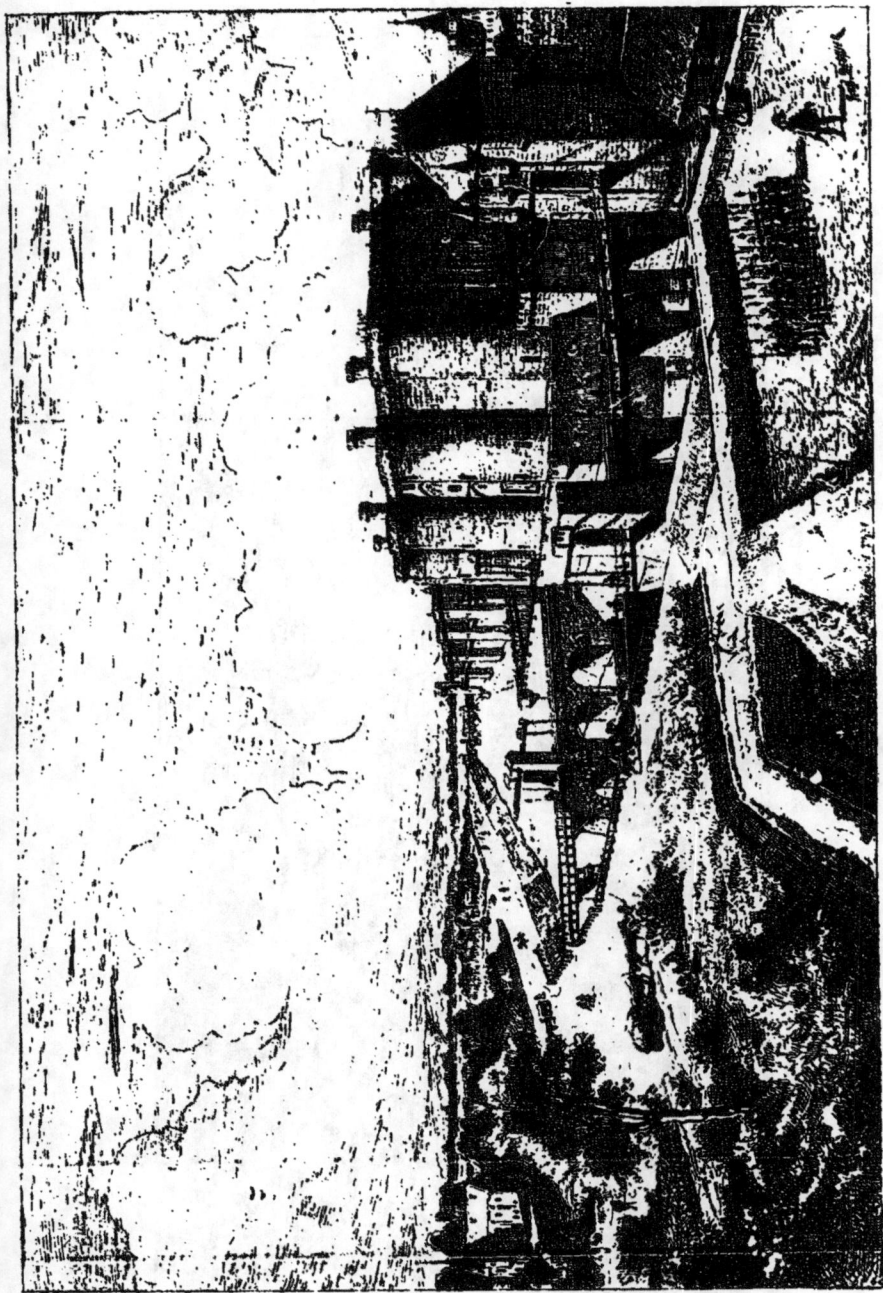

La Bastille avec ses murs d'enceinte au xvᵉ siècle, sous Charles V. (D'après une gravure de Paris à travers les siècles.)

Vue de la Bastille de Paris, de la Porte St. Antoine, et d'une partie du Faubourg

(Sous Louis XI.)

HISTOIRE DE LA BASTILLE   7

furent taxés pour la dépense occasionnée par ces travaux depuis quatre livres jusqu'à vingt-quatre, selon le revenu de leurs immeubles.

De simple porte fortifiée, qu'elle était d'abord, la Bastille était donc devenue une des plus puissantes forteresses du monde; elle couvrait de son artillerie de traits et de bouches à feu tout le quartier affecté à la demeure royale.

Cependant, il paraît que, bien que la Bastille fût destinée à servir de prison d'État pour les grands personnages — ceux que le roi considérait comme ses ennemis, elle était au besoin convertie en maison de réception pour les hôtes qu'on ne pouvait ou qu'on ne voulait pas loger à l'hôtel Saint-Paul, car nous voyons qu'en 1398, Louis de Sancerre, maréchal de France, envoya de Guyenne à Paris deux ermites de Saint-Augustin : Pierre Tosant et Martin Lancelot, sur la réputation qu'ils avaient dans la contrée d'être habiles médecins, dans l'espoir qu'il pourraient peut-être obtenir la guérison de Charles VI. On les mit en présence du roi; ils l'examinèrent et promirent de le guérir.

Et les chroniques nous apprennent qu'on les logea à la Bastille, sous la garde d'un sergent, car ordre « de leur faire bonne chère » et de leur fournir tout ce qui serait nécessaire à la préparation des remèdes qu'ils comptaient employer. (C'étaient deux imposteurs; ils payèrent leur folle entreprise de leur vie : ils furent décapités et écartelés).

Mais c'était une exception; la Bastille était déjà considérée comme le premier poste de la capitale, et on verra que dans toutes les insurrections et les émeutes parisiennes, le grand souci de ceux qui les fomentèrent fut toujours de s'emparer de la Bastille.

Lorsque la division se mit entre les maisons d'Orléans et de Bourgogne, et que la population parisienne se partagea en Armagnacs et Bourguignons, Jean de Montaigu, gouverneur de la forteresse, fut mis à mort sur l'ordre du duc de Bourgogne.

Au reste les deux partis, tour à tour vainqueurs et vaincus, se disputaient avec acharnement la possession de la Bastille, dont chacun d'eux avait besoin pour emprisonner ses adversaires.

Pierre des Essarts, le prévôt de Paris qui avait arrêté Montaigu, fut destitué en février 1413, et il dut quitter Paris au plus vite, mais il y revint deux mois plus tard, accompagné d'une troupe de gens armés et il s'empara de la Bastille, le 28 avril 1413, au nom du dauphin; mais Caboche et ses compagnons, qui étaient les amis et les soutiens de Jean Sans-Peur, duc de Bourgogne, appelèrent le peuple aux armes, et le dauphin fut sommé de livrer des Essarts, et il fut obligé, sinon de le livrer, du moins de faire connaître que des Essarts resterait à la Bastille, non comme gouverneur, mais comme prisonnier.

Cela ne suffit pas à l'impatience générale, et le lendemain, bien que le prévôt des marchands, les cinquanteniers et les échevins se fussent assemblés à l'Hôtel de ville pour essayer de calmer l'effervescence populaire, trois mille hommes coururent investir la Bastille, en poussant des cris de mort.

Deux partisans du duc de Bourgogne, Hélion de Jacqueville et Robert de Mailly, les conduisaient.

Bientôt le nombre des séditieux augmenta et ce ne fut plus seulement trois mille hommes, mais vingt mille qui se répandirent par la ville, les uns pour forcer la Bastille, les autres pour se diriger vers l'hôtel du dauphin; ils sommèrent le duc de Bourgogne de leur livrer le prévôt des Essarts.

Le duc, qui ne demandait pas mieux (des Essarts avait accusé le duc d'avoir dilapidé deux millions en or), alla droit à la Bastille et fit comprendre au prévôt que le plus sage était de se rendre, lui donnant sa parole qu'il le sauverait des mains des émeutiers.

Sur cette promesse, il se livra et fut conduit sous bonne garde au Châtelet.

Tout ce qu'il avait laissé à la Bastille en argent, meubles et chevaux, fut pillé.

Le 1ᵉʳ juillet il était condamné à mort et exécuté.

Mais bientôt 30 000 hommes en armes, commandés par le dauphin, s'emparèrent à leur tour de Paris et le gouvernement de la Bastille fut confié au duc de Bar. La paix fut signée le 16 octobre 1414.

Les hostilités recommencèrent en 1418. Périnet Leclerc ouvrit la porte Saint-Germain aux partisans du duc de Bourgogne et Tanneguy Duchâtel n'eut que le temps de courir à l'hôtel du dauphin où il trouva celui-ci au lit; il l'enveloppa dans sa robe de chambre et l'emporta à la Bastille, puis de là à Melun.

Il était temps, les Armagnacs furent massacrés.

« Plusieurs des plus gros de la bande, se boutaient dedans le chasteau de la porte Saint-Antoine (la Bastille) et par ce furent sauvez et par le dauphin qu'ils avoyent, et firent moult assault à ceux qui là passoient, de trait, dont foison avoit. Du dimanche au mardi convint faire grand guet et feu parmi

Paris, par paour d'eux et en iceluy tems, se fournirent de gens d'armes des fuyans de leur bande, et le mercredi en suivant, environ huit heures du matin, issirent du chastel et allèrent ouvrir leur porte par dedans la ville, qui que le voulsit veoir et entrèrent en la grand rue Saint-Antoine criant à mort! à mort! ville gagnée! Vivent le roi et le daulphin et le roi d'Angleterre! Tuez tout. Lors fut Paris esmeu et se arma le peuple ; y vint le nouveau prévost de Paris, à force de gens et à l'aide de la commune, les repoussa, abbattant et tuant à grand tas jusque dehors la porte Saint-Antoine et le peuple moult eschauffé contre les dites bandes et commencèrent le massacre de tous ceux de la dite bande ».

Tanneguy Duchâtel, après avoir mis le dauphin en sûreté, revint le 1er juin avec le maréchal de Rieux et des hommes d'armes pour chasser les Bourguignons ; il avait avec lui seize cents gendarmes qu'il fit entrer par la porte Saint-Antoine et bientôt un groupe considérable se forma aux cris de : « Vive le roi, le dauphin et le comte d'Armagnac ! » Mais aussitôt le prévôt Gui de Bar et Villiers-de-L'Ile-Adam ramassèrent tout ce qu'il y avait d'hommes d'armes dans Paris et marchèrent contre ceux de Tanneguy.

On se battit ferme, mais les Bourguignons devenaient sans cesse plus nombreux ; trois à quatre cents Armagnacs demeurèrent sur le carreau ; les Bourguignons n'eurent qu'une quarantaine d'hommes tués.

Ceux-ci furent enterrés honorablement ; les autres furent conduits dans des tombereaux par le bourreau hors de la ville et jetés au milieu des champs.

La Bastille se rendit.

Cani-Varennes, que le comte d'Armagnac y avait tenu comme prisonnier, en devint le gouverneur.

« Le 21 août, dit le bibliophile Jacob, une émeute terrible éclata tout à coup sans aucune cause avouable, toute la plèbe des halles munie de vieilles armes rouillées et de couteaux frais émoulus se rassemble devant le Châtelet, où le duc de Bourgogne avait envoyé de nouvelles victimes dans les prisons vides ou souillées de sang. Le chef de cette bande de scélérats était le bourreau Capeluche qui marchait à leur tête, seul à cheval et la hache à la main. Après avoir fait égorger sous ses yeux tous les prisonniers du Châtelet, il se dirigea vers la Bastille pour y chercher les nobles et illustres seigneurs, que le roi croyait en sûreté dans cette forteresse royale. Capeluche entouré de ses sicaires, obtint sans peine qu'on lui livre ces malheureux, lorsque le duc de Bourgogne accourt et lui ordonne au nom du roi et sous peine de mort, de les conduire au Châtelet. Capuche jure d'obéir, emmène avec lui les prisonniers jusqu'au Châtelet et là, leur fait trancher la tête à tous, à l'exception d'un notable bourgeois, Charles Culdoé, qu'il avait pris en croupe sur son cheval, au sortir de la Bastille. »

L'occupation anglaise avait naturellement placé la Bastille sous le gouvernement d'Henri VI, qui se qualifiait, on le sait, roi d'Angleterre et de France, mais depuis la réconciliation du duc de Bourgogne avec le roi de France, les Parisiens espéraient bien parvenir à chasser l'étranger. En 1436, six patriotes, Michel Laillier, Jean de la Fontaine, Pierre de Laucras, Thomas Bicache, Nicolas de Louviers et Jacques de Bergières, convinrent secrètement, avec Arthur de Bretagne, comte de Richemont, connétable de France, des moyens de l'introduire dans Paris ; et au jour dit, le vendredi 13 avril 1436, le connétable avec toute sa suite passa par la rue Saint-Jacques marcha droit au pont Notre-Dame, puis à la Grève, ensuite aux Halles, revenant sur ses pas, il alla à l'église-cathédrale, où il entendit la messe tout armé.

L'alarme répandue par toute la ville fit courir les Anglais aux armes. Le capitaine Willoughby, qui les commandait, essaya de soulever le peuple dans le quartier des Halles.

— Saint-Georges ! Saint-Georges ! sus aux Français ! criaient les soldats de Henri VI.

Mais les Parisiens n'avaient pas oublié que les Français c'étaient eux, et ils forcèrent les Anglais à se replier de rue en rue du côté du quartier Saint-Antoine. Ils les poursuivirent et les écrasèrent par des pavés et des meubles qu'on leur jetait du haut des maisons.

Willoughby, retiré vers la porte Baudet avec tout ce qu'il avait pu ramasser des siens, comprit qu'il aurait grand'peine à lutter contre tant d'hommes ; il prit le parti de se réfugier à la Bastille avec mille à douze cents soldats.

Il ne restait plus qu'à assiéger la Bastille pour en déloger les Anglais, et le connétable s'y préparait, lorsqu'on vint l'informer qu'ils demandaient à capituler.

On assembla le conseil et il fut convenu qu'on leur permettrait de se retirer à Rouen.

On fit sortir la garnison par les dehors de la ville, du côté du nord, pour la soustraire aux insultes de la populace ; néanmoins, comme ils passaient devant la porte Saint-Denis, ils ne purent échapper aux cris et aux huées, surtout l'évêque de Thérouane, chan-

Périnet Leclerc ouvrit la porte Saint-Germain au sire de Villiers-de-L'Ile-Adam, dans la nuit du 28 mai 1418.
(Gravure extraite de *Paris à travers les siècles*.)

celier pour le compte de l'Angleterre, après qui le peuple cria : « Au renard, au renard ! »

Rendue au roi et pourvue de nouveau d'une garnison française, la Bastille redevint en 1464 prison d'État ; sous le spécieux prétexte du « bien public » il se forma une ligue puissante qui adopta ce titre, prit les armes, et proclama la suppression des impôts, on se hâta de mettre les villes en état de défense et Charles de Melun, gouverneur de Paris, augmenta le guet, rétablit les chaînes au coin des rues, mura les portes à l'exception de deux, assigna aux milices leur poste et les troupes casernées dans la Bastille se préparèrent à bien recevoir l'ennemi.

« Le 24 août, (1465) bien matin, les Bourguignons et Bretons vinrent bâiller une reverdie (aubade) devant le boulevard de la tour de Billy et avoient avec eux trompettes, clairons, hauts ménestriers et autres instrumens dont ils faisoient grand bruit ; et illec et devant la Bastille Saint-Anthoine vinrent faire un grand bruit et cry en criant à

l'assaut et à l'alarme dont chacun fut fort espouvanté et chacun s'en alla sur les murs et en sa garde. »

Mais ce fut tout ; Bourguignons et Bretons s'en allèrent comme ils étaient venus.

Toutefois on veillait de façon à ne pas se laisser surprendre et on agissait prudemment, car le 22 septembre, au point du jour, les confédérés se montrèrent en grand nombre du côté de la porte Saint-Antoine et ils occupaient les environs de l'abbaye de Saint-Antoine-des-Champs « et pour les faire desplacer leur furent jettez d'icelle ville plusieurs traicts de canon, serpentines et autre artillerie d'icelle porte Sainct-Anthoine et de la dite Bastille, et autres choses n'y fut faite. »

La paix signée à Conflans, le 29 octobre 1465, mit fin aux inquiétudes qu'on avait conçues et, Louis XI put se servir de sa Bastille uniquement pour y emprisonner ses ennemis, ce dont il ne se priva pas.

Ce fut dans une des tours qu'il fit construire la fameuse cage de bois destinée à renfermer Guillaume de Harancourt, évêque de Verdun. Cette cage était composée de gros madriers liés entre eux par des attaches de fer, ce qui la rendait d'une extrême solidité.

Elle était si lourde qu'il fallut reconstruire et consolider le plancher de la voûte qui devait la supporter.

Dix-neuf charpentiers furent occupés à ce travail pendant vingt jours consécutifs; au reste voici le détail qu'on trouve à ce propos dans les comptes de la prévôté de Paris.

« Pour avoir fait de neuf une grande cage de bois de grosses solives, membrures et sablières contenant neuf pieds de long sur huit pieds de lé (large) et de hauteur sept pieds entre deux planchers, lissée et boujonnée (boulonnée) à gros boujons (boulons) de fer. la quelle a été assise entre une chambre étant en l'une des tours de la Bastille Saint-Antoine à Paris par devers la porte du dit Saint-Antoine, en laquelle cage est mis et détenu prisonnier, par le commandement du roi, notre dit seigneur l'évêque de Verdun (Guillaume de Harancourt), fut employé à la dite cage, quatre vingt seize solives de couche et cinquante deux solives de bout, dix sablières à trois toises de long et furent occupés dix neuf charpentiers pour équarrir, ouvrer et tailler tout le dit bois en la cour de la Bastille pendant vingt jours. Il y avoit à cette cage deux cent vingt gros boujons de fer, les uns de neuf pieds de long, les autres de huit et les autres moyens, avec les rouelles, les pommelles et contrebandes servant aux dits boujons, pesant, tout le dit fer 3735 livres, outre huit grosses équières de fer servant à attacher la dite cage, avec les crampons et cloux pesant ensemble 218 livres de fer, sans compter le fer des treillis des fenestres de la chambre où elle fut posée, des barres de fer de la porte de la chambre et autres choses, revient à 347 livres 5 sols 7 deniers. Et fut payé, outre cela, à un maçon pour le plancher de la chambre où étoit la cage 27 livres 14 sols parisis, parceque le plancher n'eut pu porter cette cage à cause de sa pesanteur et pour faire des trous pour poser les grilles des fenestres, et à un menuisier la somme de 20 livres 2 sols parisis, pour portes, fenestres, couche, selle percée et autres choses; plus 46 sols 8 deniers parisis à un vitrier pour les vitres de la dite chambre. Ainsi, monte la dépense tant de la chambre que de la cage à la somme de 367 livres 8 sols 3 deniers parisis »[1].

Louis XI alla visiter le prisonnier, afin de s'assurer par lui-même si la cage était bien telle qu'il désirait qu'elle fût.

[1]. Sauval, tome III, page 428.

Louis XI se débarrassait assez facilement des gens qui le gênaient; il avait accusé le connétable de Saint-Paul de trahison.

Celui-ci, averti de ce qui se tramait contre lui, s'était réfugié en Hainaut où il croyait trouver un asile auprès du duc de Bourgogne; mais ce prince, qui avait des raisons particulières pour être agréable au roi de France, n'hésita nullement à livrer le connétable entre les mains du bâtard de Bourbon, amiral de France, qui l'amena à Paris.

Il fut incarcéré à la Bastille, et la garde de sa personne fut spécialement confiée au capitaine Philippe Luillier.

Des commissaires furent nommés, entre autres le chancelier Pierre Doriole, ainsi que le premier et le second président du parlement, à l'effet de procéder à son interrogatoire.

Le 4 décembre 1475, ces commissaires exposèrent aux chambres assemblées qu'il était dans l'usage qu'on lût au criminel sa confession en présence de toute la cour et qu'il n'y avait personne en France, excepté le roi et le dauphin, qui pût s'exempter de comparaître au parlement quand il l'ordonnait; mais qu'on n'osait y faire venir le connétable, parce que ceux qui le gardaient se chargeaient volontiers de l'amener de bon matin, mais qu'ils ne répondaient pas de pouvoir lui faire traverser la ville pour le reconduire après sa comparution, le peuple paraissant assez disposé à l'enlever, et les braves commissaires offrirent de se transporter à la Bastille, au lieu d'en extraire le prisonnier. Ce qui fut accepté.

Toutefois, on prit moins de précautions lorsqu'il s'agit de prononcer la sentence; on fit monter le connétable, vêtu d'une longue robe de deuil et chaperon de même, sur un mulet, pour le conduire de la Bastille au Palais, accompagné du prévôt de Paris, Robert d'Estouteville et du seigneur de Saint-Pierre.

Là, on lui notifia qu'un arrêt le déclarait « criminel du crime de lèze-majesté, et comme tel, condamné à perdre la tête dans la place de Grève ».

Et le 19 décembre sa tête fut séparée du tronc, en présence de cent mille personnes, au dire de Jean Molinet, son contemporain.

Les évasions ne furent pas fréquentes à la Bastille; cependant, il s'en opéra une qui fit grand bruit, le comte de Dampmartin, soupçonné de trahison, avait été banni du royaume en 1461. Désireux de se disculper, il vint se constituer prisonnier à Paris et il fut transféré à la Bastille, où il demeura deux années sans être jugé; le temps lui sembla long, il réfléchit qu'il avait fait une sottise en venant se mettre dans la gueule du loup et ne songea plus qu'à s'évader.

C'était difficile; cependant il jugea que ce n'était pas impossible. Il était autorisé à recevoir les visites de son écuyer, Veinan d'Imonville, et on lui avait concédé la latitude de pouvoir se promener dans l'intérieur de la forteresse; un jour, ils montèrent sur la plate-forme et remarquèrent au dernier étage une fenêtre ouverte qui n'avait ni grille ni volet; l'écuyer d'Imonville en mesura la hauteur avec une ficelle longue de 33 toises; il fit fabriquer une corde de même dimension, l'apporta à son maître, et après avoir fixé entr'eux le jour de l'évasion, il fut convenu que d'Imonville amènerait une barque dans le fossé, précisément au-dessous de la fenêtre; en effet dans la nuit, le fidèle écuyer se jeta nu, bien qu'on fût au mois de mars, dans le fossé, détacha une petite embarcation qui y était amarrée, et bientôt le comte, qui avait accroché une des extrémités de sa corde à un corbeau de fer scellé dans la muraille, se laissa tout doucement glisser dans la barque et put, sans éveiller l'attention des archers, gagner le large. Lorsque Louis XI apprit les détails de cette entreprise hardie, il en fut tellement émerveillé qu'il fit grâce à l'évadé et signa ses lettres de rémission.

Seulement il donna des ordres pour que, désormais, la fenêtre fût garnie de solides barreaux.

Le duc de Nemours, Jacques d'Armagnac, qui fut aussi condamné à être décapité aux halles, comme criminel de lèse-majesté, en 1477, fut conduit de la Bastille au lieu du supplice sur un cheval caparaçonné de noir. C'était une attention délicate de la part du roi qui lui faisait couper la tête.

Lorsque, sous le règne de François Ier, le surintendant des finances, Jacques de Beaune de Semblançay, un vieillard de 72 ans, qu'on envoya au gibet pour avoir confié de l'argent à Louise de Savoie, qui devait payer les troupes suisses avec et qui oublia de le faire, sortit de la Bastille pour aller à Montfaucon, il était aussi monté sur une mule, en raison de son grand âge.

Le duc de Guise s'empressa, pendant la Ligue, de prendre la Bastille et d'en donner le gouvernement à Bussi-Leclerc. Ce ne fut pas une sinécure, car les ligueurs avaient soin d'y envoyer tous ceux qui ne s'associaient pas à leur façon de gouverner. En 1589, Bussi-Leclerc y mit au pain et à l'eau le président de Harlay et soixante membres du parlement, puis, craignant que le duc de Mayenne le fît accrocher à la potence pour

expier certains excès auxquels il avait pris part, il donna sa démission de gouverneur et s'enfuit à Bruxelles. Dubourg, qui lui succéda comme gouverneur, ne rendit la forteresse que trois jours après l'entrée d'Henri IV à Paris.

« La Bastille et le château de Vincennes tenaient encore pour la Ligue, dit M. Borel d'Hauterive. Leurs garnisons se préparaient à la résistance. Elles ne pouvaient espérer, vu leur petit nombre et leur défaut de munitions, soutenir un long siège. Mais il fallait, pour leur honneur, ne pas ouvrir les portes sans coup férir. Antoine du Mayne, dit du Bourg-l'Espinasse, gouverneur de la Bastille, brave officier dévoué au duc de Mayenne, se hâta d'envoyer des soldats dans les maisons et les moulins à vent des environs pour des réquisitions de vins et de farines. Il tira quelques coups de canon, dont les boulets enfilèrent la rue Saint-Antoine et firent plusieurs victimes. Ayant demandé une trève de cinq jours, il envoya à Laon consulter le prince lorrain, qui lui déclara ne pouvoir le secourir. Au bout de ce délai, il se rendit, à la condition de sortir avec les honneurs de la guerre, et de gagner en sûreté la plus prochaine place-forte des ligueurs. »

Cette condition fut acceptée, et il sortit à cheval, à la tête de sa garnison en armes.

Le Béarnais trouva qu'un si beau tas de pierres pouvait être mieux approprié à la garde d'un trésor qu'à celle de gens qui ne pensaient pas comme lui, et il y plaça les épargnes que la sage administration de Sully avait su lui amasser. « Vers l'an 1610, dit Sully dans ses mémoires, il y avait pour lors 15,875,000 livres d'argent comptant dans les chambres voûtées, coffres et caques étant à la Bastille, outre 10 millions qu'on avait tirés pour bâiller au trésorier de l'épargne. »

Cependant, Henri IV envoya le maréchal de Biron à la Bastille et l'y fit décapiter.

Charles de Gontaut, duc de Biron, maréchal et amiral de France, était accusé d'avoir entretenu des intelligences secrètes contre le roi et l'État avec l'Espagne et la Savoie; Henri l'avait fait venir à Fontainebleau pour essayer de le confesser, mais il n'en put rien tirer, et le fit arrêter et conduire à Paris, où il arriva le samedi 15 juin. Un bateau l'amena jusqu'à la porte de l'Arsenal, d'où on le conduisit par les jardins à la Bastille.

Le roi arriva le même jour à Paris, et fit commencer son procès le lundi suivant.

Le premier président Achille de Harlay, Nicolas Potier, de Blancménil, président à mortier, Étienne Fleury et Philibert de Thurin, les deux plus anciens conseillers de la grand'chambre, députés de la cour, se transportèrent à la Bastille pour l'interroger.

Le samedi 6 juillet, les pairs de France furent convoqués pour le jeudi suivant, à l'effet d'instruire le procès.

Le 29, le parlement alla aux voix. Tous les juges, au nombre de cent vingt-sept, conclurent unanimement à la peine de mort, conformément aux conclusions des gens du roi.

En conséquence, le chancelier prononça l'arrêt qui condamna le maréchal à être décapité en Grève, « comme atteint et convaincu d'avoir attenté à la personne du roi et entrepris contre son État ».

Cet arrêt aussitôt rendu, la nouvelle s'en répandit dans Paris, et dès le lendemain une foule compacte envahit la place de Grève pour assister à l'exécution : des fenêtres donnant sur la place furent louées jusqu'à dix écus, et l'hôtel de ville était si plein, qu'on ne pouvait s'y mouvoir.

Le maréchal de Biron comprit un peu tardivement qu'il eût mieux fait de tout avouer au roi, lorsque celui-ci l'en pressait à Fontainebleau, et se décida à faire l'aveu de sa faute, qu'il accompagna d'une demande en grâce qui ne brillait pas par le respect de sa dignité.

Cette longue requête, véritable monument de platitude et de basse flatterie, ne fit aucun effet sur l'esprit du roi, qui était décidé à user de sévérité; la seule faveur qu'il accorda au maréchal, à la prière de ses parents, fut de permettre qu'il fût décapité à la Bastille, au lieu de l'être en place de Grève, comme un vulgaire malfaiteur.

Le 31 juillet, le chancelier et le premier président, accompagnés des lieutenants civil et criminel du Châtelet, du prévôt des marchands, des échevins et de quelques autres officiers, suivis d'archers et de soldats, se transportèrent à la Bastille pour donner connaissance au condamné de son arrêt de mort.

Mais aux premiers mots qu'il entendit, il entra dans une fureur épouvantable.

Un des magistrats lui demanda sa couronne ducale; il répondit qu'on devait bien savoir qu'il n'en avait pas.

Puis ce fut son manteau; il dit qu'il n'en avait pas d'autre que celui qu'il avait sur ses épaules, et le laissa tomber.

Et quand on lui demanda encore son épée et son bâton de maréchal, il refusa de les rendre, prétendant qu'il n'en avait pas, et qu'il ne savait pas ce qu'on voulait lui dire.

Bref, il mit toute la mauvaise volonté imaginable, espérant sans doute gagner du temps et arriver à faire fléchir la rigueur du roi.

Mais il se trompait.

Le chancelier se retira en le laissant aux mains du docteur en théologie Garnier, et de Magnan, curé de Saint-Nicolas des Champs, qui eurent grand'peine à le calmer; cependant il se confessa, et marcha volontairement au supplice, sans être lié, et sous la seule conduite de six huissiers du parlement et du greffier Voisin.

Il s'arrêta au premier degré de l'échafaud et, s'étant mis à genoux, fit sa prière.

Il franchit ensuite les autres échelons, et sans vouloir que le bourreau le touchât, il retira son pourpoint, qu'il fit passer par-dessus sa tête, et fit en même temps tomber son chapeau, qu'il avait gardé jusqu'alors.

Il se mit lui-même un bandeau sur les yeux, et par un second, il releva ses cheveux qu'il ne voulait pas qu'on lui coupât.

Ces divers actes, qui dénotaient une certaine fermeté de caractère, étaient accompagnés de mouvements d'impatience et d'irrésolution.

On sentait qu'il se passait en lui un combat atroce entre le désir de mourir en homme de cœur, et la peur de la mort.

Enfin, il se mit à genoux, et avant que personne l'eût pu prévoir, le bourreau, par un coup aussi prompt qu'habile, lui fit sauter la tête.

Le soir même le corps et la tête du maréchal, réunis dans un drap, étaient enterrés dans l'église Saint-Paul.

Pendant la Fronde, la Bastille était gouvernée par Leclerc du Tremblay, qui avait la réputation d'être un homme inflexible et incorruptible. Pendant la fameuse journée des barricades, il se tint coi, mais il avait eu soin de mettre la forteresse en état de défense, et tous ses canons étaient braqués sur Paris, tandis que les artilleurs, mèche allumée, n'attendaient qu'un ordre, pour foudroyer l'hôtel de ville.

Mais l'ordre ne vint pas, et les canons demeurèrent muets.

L'année suivante (1649), les hostilités commencèrent. Paris révolté avait confié sa défense au prince de Condé, et dans les premiers jours de janvier, Leclerc du Tremblay fut sommé de rendre la Bastille; il refusa tout d'abord, et annonça son intention de soutenir un siège, mais c'était pour la forme : la résistance ne pouvait être sérieuse, et le 17 on le contraignit d'ouvrir les portes. Dès qu'il eut fait tirer et qu'il eut reçu quelques volées de coups de canon, il consentit à se rendre, et à déposer son commandement entre les mains du prince de Conti, frère du prince de Condé.

Au reste, l'attaque avait été si inoffensive,

que les dames allaient s'asseoir dans le jardin de l'arsenal pour assister à ce simulacre de siège.

Le peuple demanda avec instance que la Bastille fût remise au conseiller Broussel, et à son fils, le sieur de Louvière, ci-devant enseigne aux gardes; ce fut ce dernier qui exerça le commandement du château, son père ayant été nommé prévôt des marchands.

Vingt-deux soldats étaient sortis de la Bastille avec du Tremblay.

La journée du 2 Juillet 1652 allait de nouveau faire entendre le canon de la Bastille [1], le prince de Condé et Turenne en venaient aux mains.

Condé avait réuni toute son armée, à la tête du faubourg Saint-Antoine.

On barricada les rues, les maisons furent trouées et crénelées et l'artillerie braquée sur un plateau qui dominait les jardins de Reuilly.

Condé se trouvait partout; son courage le multipliait. Si ses soldats pliaient, il les rappelait, se mettait à leur tête, les ramenait au combat.

Son escadron invincible portait incessamment la terreur et la mort dans les rangs ennemis, mais souvent aussi il voyait tomber à ses côtés ses plus chauds partisans.

Vains efforts, l'armée du roi était si supérieure en nombre, son triomphe paraissait si certain, que l'on apprêta un carrosse pour ramener Condé prisonnier, et que le jeune monarque fut conduit par Mazarin sur les hauteurs de Charonne pour être témoin de la victoire.

Pendant ce temps, *Mademoiselle*, fille du duc d'Orléans, avait sollicité et obtenu de son père l'autorisation de faire ouvrir la porte Saint-Antoine et de recevoir l'armée de Condé dans Paris. Mais il y avait une défense contraire à l'Hôtel de ville, écrite de la main du roi et datée de Charonne.

Guillaume de Haraucourt dans sa cage.

Le gouverneur, les échevins et le conseil assemblés, voulaient obéir à cette défense, et il était ordonné à la garde bourgeoise de tenir la porte Saint-Antoine fermée.

Mais Mademoiselle arriva à cheval, suivie d'une foule de peuple et munie de la permission écrite de son père, elle demanda à grands cris qu'on sauvât le prince et son armée.

Il était difficile aux gens de l'Hôtel de ville de résister.

1. *Paris à travers les siècles*, 2e vol., p. 392 et suiv.

Ils eussent été assommés sur place.

L'autorisation fut donnée.

Mademoiselle remonta à cheval et courut ventre à terre à la porte Saint-Antoine qu'elle fit ouvrir.

En ce moment, Turenne conduisait l'assaut.

« Trois fois, sa colonne, dit l'auteur des *Sièges de Paris*, malgré le feu partant des maisons crénelées et de leurs meurtrières, s'avance jusqu'à l'extrémité de la rue du côté de la Bastille; trois fois, elle est refoulée vers l'entrée de l'avenue de Vincennes (où est aujourd'hui la barrière du Trône). Le duc de Beaufort, qui n'a pu réussir à faire déclarer les Parisiens en faveur du prince de Condé, accourt avec la ferme résolution de vaincre ou de mourir. Il amène une poignée de gentilshommes aussi déterminés que lui. Ce renfort ne pouvait survenir dans un moment plus opportun. Condé, secondé par Valon et par Clinchamp, avait beau se multiplier, ses soldats, harassés, fatigués de vaincre, allaient succomber au nombre. L'arrivée de ce secours rétablit le combat sur tous les points ; chaque maison est l'objet d'un siège ; on jette le mousquet pour combattre au pistolet et au sabre ; on démolit les murs ébranlés et l'on s'arme de pierres. Les mousquetaires du roi débusquent les défenseurs des maisons et s'y installent eux-mêmes. Des fenêtres, le feu plonge et fait un horrible carnage. Cette vicissitude de succès et de revers moissonna l'élite des officiers. Le duc de Nemours reçut treize mousquetades dans son armure et deux blessures à la main droite. Montmorency, de Castries, Grossoles, Flamarens sont mortellement atteints. Le duc de la Rochefoucauld, frappé en pleine figure, tombe dans les bras du duc de Marsillac, son fils. Soutenu et conduit par lui, il parcourt, aveuglé et baigné de sang, toute la rue Saint-Antoine, et cherche à émouvoir, en faveur de ses compagnons d'armes, les milices parisiennes, qui se contentent d'observer la bataille, du haut des remparts et de la demi-lune de la Bastille.

« Turenne, ne pouvant enfoncer des lignes que la présence de Condé rend invincibles, s'arrêta et envoya des renforts au duc de Navailles qui regagnait du terrain dans la rue de Charonne et menaçait de tourner les princes et de leur couper la retraite. Le maréchal de la Ferté essaie un mouvement semblable du côté de Bercy et de la Seine. Si ces tentatives réussissent, l'armée entière de Condé est perdue. A ce moment décisif, le canon tonne du haut de la Bastille et jette la confusion et la mort dans les rangs des troupes royales. »

La porte Saint-Antoine, dont le guichet n'était qu'entre-bâillé pour le passage des morts et des blessés, s'ouvrit toute grande et laissa passer les milices bourgeoises qui venaient au secours des princes et qui protégèrent leur retraite dans la ville.

Ce canon, c'était *Mademoiselle* qui le tirait.

Grâce à l'ordre qu'elle avait pu obtenir de son père et faire ratifier par le corps de ville, elle s'était fait ouvrir la Bastille par de Louvières, fils de Broussel, qui la gouvernait, et

elle avait elle-même mis le feu à la première pièce de canon.

Un boulet alla tomber aux pieds de Mazarin qui s'écria :

— Ce boulet-là a tué le mari de Mademoiselle.

Jamais en effet, Louis XIV ne pardonna à sa cousine ce coup de canon.

L'armée de Turenne, épuisée par les pertes considérables qu'elle subissait et par la fatigue de la lutte, n'était pas en état de tenter un assaut.

Elle regagna ses quartiers autour de Saint-Denis.

Condé, craignant de voir le faubourg Saint-Antoine enveloppé, songea de son côté à mettre son armée en sûreté et fit entrer son infanterie dans la ville, puis il s'y réfugia à son tour avec sa cavalerie.

Le 21 octobre 1652, le jour même où le roi rentrait dans Paris, de Louvières remettait son commandement à M. de la Bachelerie, qui lui était envoyé par Louis XIV pour reprendre possession de la forteresse destinée à redevenir désormais prison d'État.

On n'entendit plus le canon de la Bastille — excepté aux jours de réjouissances publiques, jusqu'à ce que le 14 juillet 1789, il fut tiré pour la dernière fois contre les Parisiens qui y répondirent en démolissant la forteresse de fond en comble, au nom de la Révolution triomphante.

II

LES CHAMBRES ET LES CACHOTS — LE RÉGIME INTÉRIEUR

« La Bastille, dit l'auteur des *Archives de la Bastille*, était un carré long. Des deux extrémités, l'une faisait face à la rivière, l'autre à la place où s'élève la colonne de Juillet ; les deux autres côtés de ses murs s'allongeaient parallèlement au Grenier d'abondance. Un large fossé, ordinairement à sec, l'isolait de la ville et de la campagne... Au bout de la rue Saint-Antoine, à droite en venant des Tuileries, après avoir dépassé le couvent de la Visitation, on voyait une sorte de passage (où se trouve aujourd'hui la rue Jacques Cœur) pénétrer dans la cour de l'Orme. L'entrée en était libre, mais une sentinelle défendait de s'y arrêter. Une fois dans ce passage, on avait à gauche, cinq à six boutiques louées à divers artisans et dont le loyer, assez élevé, était pour le gouverneur un surcroît de revenu. On y jouissait sans doute des mêmes privilèges que les marchands logés dans les maisons royales. A côté, les casernes, puis les écuries et les remises du gouverneur. On trouvait ensuite un pont-levis qu'on appelait l'*Avancé*, baissé pendant le jour, mais relevé à l'entrée de la nuit; et enfin un corps de garde devant lequel était un factionnaire. Il avait l'ordre d'empêcher les attroupements qui se formaient ordinairement à l'arrivée des prisonniers. On traversait le pont-levis qui conduisait à la grande porte et au portillon du château. La porte était ouverte tout le jour, mais à la nuit, on ne pénétrait plus que par le petit portillon. On trouvait d'abord la cour du gouvernement et, tout près de la porte, un autre corps de garde. Un peu à droite et en face, de l'entrée du château, était l'hôtel du gouverneur, avec un fossé devant. Cet hôtel fut refait plusieurs fois, et au temps de la prise de la Bastille, c'était une construction toute moderne et d'assez belle apparence. »

Au-dessus de la première porte qui s'ouvrait en face de la rue des Tournelles était un magasin considérable d'armes de différentes espèces et d'armures anciennes. Ce magasin avait contenu jusqu'à 40000 fusils; lors de la guerre d'Amérique on en enleva environ 20000 pour les besoins de cette guerre, et le reste fut transporté peu de temps avant la Révolution à l'hôtel des Invalides. Les armures anciennes, aussi précieuses par leur forme que par les matières dont elles étaient enrichies, furent enlevées le jour même de la prise de la Bastille.

Vis-à-vis de l'hôtel du gouverneur était une avenue longue de 15 toises, dont le côté droit était bordé par un bâtiment servant de cuisine. Dans le même corps de logis, se trouvait aussi une chambre de bains, faite sous Louis XVI, pour l'usage de la femme du gouverneur.

Tout cela était construit sur un pont dormant à deux arches qui traversait le grand fossé et qui aboutissait à un pont-levis protégé par une barrière de poutres revêtues de fer formant une sorte de cage dans laquelle se tenaient les sentinelles. Cette barrière et le second pont-levis franchis, on entrait dans le fort par une lourde porte en chêne et on se trouvait dans une cour de 120 pieds de long sur 72 de large qu'on appelait la cour des prisons et qu'on désignait aussi sous le nom de cour d'honneur.

Six des tours avaient leur entrée sur cette cour. C'étaient les tours de la Liberté, de la Bertaudière (ainsi nommée probablement du nom d'un prisonnier qui l'habita), de la Bazinière (qui reçut ce nom en souvenir de M. de la Bazinière qui y fut incarcéré en 1663), de la Comté, du Trésor (c'était dans cette tour qu'Henri IV déposait l'argent de son épargne, et ce fut ce qui lui donna son nom) et de la Chapelle (c'était auprès de cette tour qu'é-

tait autrefois en effet la chapelle, sous la voûte de l'ancienne porte de la ville). Lors de la démolition de la Bastille on y trouva les débris d'un autel. L'auteur de la *Bastille dévoilée* prétend qu'on avait fait construire une nouvelle chapelle à la place de l'ancienne, auprès de la tour de la Liberté. Elle a été selon lui, pendant longtemps bâtie en bois, et ce ne serait que quelques années avant la révolution que M. de Launey, dernier gouverneur, l'aurait fait construire en pierre.

« Dans le mur d'un de ses côtés, étoient pratiquées six petites niches, dont chacune ne pouvoit contenir qu'un prisonnier, et ceux auxquels on permettoit d'y aller entendre la messe n'y avoient ni air ni jour. Du commencement du canon à la communion du prêtre, on ouvroit un rideau qui couvroit une étroite lucarne vitrée et grillée, à travers laquelle, comme dans un tuyau de lunette, dit M. Linguet, on entrevoyoit le célébrant. Au-dessus de cette chapelle, au mépris de la décence, étoit le colombier du gouverneur. »

Entre la tour du Trésor et celle de la Chapelle, c'est-à-dire les premières qui avaient été construites par Hugues Aubriot, on apercevait encore, en 1789, une arcade qui était l'ancienne porte de Paris à cette époque, mais on avait comblé en maçonnerie le vide de cette arcade, en y réservant des appartements.

Cette cour était terminée au fond par un bâtiment moderne qu'une inscription en lettres d'or sur un marbre noir, placé au-dessus de la porte, annonçait avoir été construit en 1761, sous le règne de Louis XV et sous le ministère de M. Phelypeaux de Saint-Florentin, par M. de Sartine, alors lieutenant de police, pour le logement des officiers de l'état-major.

Ce bâtiment avait l'apparence d'une bonne maison bourgeoise et différait complètement de ceux des prisons dont il était le complément. Le rez-de-chaussée était occupé par la salle du conseil, par des offices, une buanderie et des cuisines qui furent supprimées vers 1782, et le local qui leur était affecté fut transformé en bibliothèque. Là aussi logeaient des officiers subalternes, des porte-clefs et des domestiques. A droite au premier, au-dessus de la chambre du conseil, était l'appartement du lieutenant de roi, au second, celui du major, au troisième celui du chirurgien. Le reste de ces trois étages était occupé par un certain nombre de chambres destinées à des prisonniers de distinction et à des malades.

« Dans des temps de presse » c'est-à-dire quand certains événements politiques ou religieux, poussaient à l'emprisonnement, toutes les pièces de ce corps de logis, les antichambres, les chambres, les cabinets même des officiers de l'état-major étaient remplis de prisonniers.

La maison se trouvait coupée en deux par une large allée qui servait de passage.

C'était dans la salle dite du conseil, que le lieutenant général de police interrogeait les prisonniers.

La seconde cour à laquelle on arrivait par le passage que nous venons de mentionner, était entourée par le bâtiment moderne, par la tour du puits, (ainsi nommée à cause d'un grand puits qui se trouvait à côté) et par la tour du coin (qui tirait son nom de sa situation); elle avait 72 pieds de large et 42 de long. Dans le massif qui les réunissait étaient des chambres occupées par des gens de cuisine, des domestiques appartenant à certains prisonniers et des détenus vulgaires, qu'on laissait volontiers aller et venir dans la cour, ne sachant trop pourquoi ils se trouvaient là.

C'était dans la plus grande de ces deux cours que des prisonniers obtenaient la faveur recherchée de passer une heure, jamais plus, et souvent moins, quand cette permission était donnée à un certain nombre de prisonniers, parce qu'il était de règle absolue qu'ils ne se rencontrassent jamais, de façon à les empêcher de communiquer ensemble. Quand l'un rentrait dans sa chambre, un autre lui succédait à la promenade. Précédemment les prisonniers avaient la faculté de se promener sur le bastion, mais cette tolérance leur avait été retirée.

De cette cour, les prisonniers pouvaient apercevoir l'horloge du château que, par un ingénieux mais cruel rapprochement, on avait décorée d'emblèmes rappelant l'incarcération. C'étaient des figures enchaînées par le cou, par le milieu du corps, par les mains et par les pieds qui servaient d'ornements, et leurs fers, après avoir couru tout autour du cartel en manière de guirlande, revenaient vers le bas former un nœud énorme; et pour prouver que ces fers menaçaient également les deux âges, l'artiste avait eu soin de modeler un homme dans la force de l'âge, un autre accablé sous le poids des années.

Lorsque l'avocat Linguet fut incarcéré à la Bastille, il fulmina contre cette odieuse ornementation, et le mémoire qu'il publia après sa mise en liberté ayant été lu par le ministre de Breteuil, celui-ci demanda à voir ces fameuses chaînes s'enlaçant si coquettement, comme eussent pu le faire des chaînes de fleurs; on les lui montra.

— Dans deux heures, dit-il, je veux qu'elles soient retirées.

Et en effet, deux heures plus tard, elles

avaient disparu et les statuettes qu'elles entouraient en furent délivrées.

Le fossé qui entourait la Bastille était ordinairement à sec, si ce n'est quand les eaux de la rivière étaient hautes. Il était entouré extérieurement d'un mur haut de 36 pieds, contre lequel était plaquée une galerie soutenue par des potences de bois qui régnaient dans tout le contour de cette espèce de contrescarpe. On y arrivait par des escaliers placés à droite et à gauche du pont; cette galerie était appelée le chemin des rondes, parce que des officiers et des sergents y faisaient de fréquentes rondes, surtout la nuit, pour s'assurer de la vigilance des quatre sentinelles qui y étaient placées et qu'on relevait toutes les deux heures.

Ces sentinelles sonnaient les quarts, les demies et les heures de la nuit, en frappant sur une cloche destinée à cet usage; dans le jour, ils se contentaient de frapper trois coups à chaque heure.

Pendant le séjour que fit M. de Rohan à la Bastille, il se plaignit de ne pouvoir prendre aucun repos, à cause de cette cloche qui faisait un bruit infernal, et on eut la déférence de cesser de la sonner pendant le temps qu'il y demeura.

Mais la sonnerie reprit plus tard.

L'officier qui faisait les rondes de nuit dans la galerie, déposait un jeton dans une boîte à ce destinée, chaque fois qu'il venait d'en terminer une, et cette boîte était portée chaque matin chez le lieutenant du roi qui comptait les jetons et apprenait de cette façon combien de rondes avaient été faites.

Au sommet des tours était une plate-forme, entourée d'une terrasse, qui continuait le long des massifs reliant les tours.

Treize pièces de canon reposaient sur cette terrasse entourée d'un parapet, cette artillerie était surtout destinée à annoncer les réjouissances publiques.

Ajoutons qu'outre les sentinelles dont nous venons de parler, il y en avait d'autres placées hors de l'enceinte, qui faisaient prendre le large aux passants et avertissaient la garde de ce qui arrivait dans la rue.

«Les quatre tours d'angle, dit M. P. Lacroix, avaient cinq étages au-dessus des cachots. Les tours de la Chapelle et du Trésor n'avaient que deux étages, sans cachot; celles de la Liberté et de la Bertaudière en avaient trois avec des cachots inférieurs, chaque étage contenant une seule prison, outre la cage de l'escalier de pierre. Mais cette prison circulaire était fort grande, puisqu'on y réunissait quelquefois trois ou quatre détenus; autrement, la Bastille n'aurait pu avoir que cinquante à soixante prisonniers. Toutes les

Le canon de la Bastille, c'était Mademoiselle qui le tirait.

prisons étaient fermées par des portes épaisses de 2 à 3 pouces, avec des serrures et des verroux énormes; quelques-unes avaient des guichets. »

Les tours, rondes extérieurement, étaient octogones à l'intérieur et voûtées en dôme.

Les chambres du premier avaient la même forme, avec une grande cheminée. « Une fenêtre, lisons-nous dans l'important ouvrage de M. Ravaisson, à laquelle on arrivait par trois marches d'un pied chacune, y laissait pénétrer de la lumière; ces fenêtres, percées dans un mur de dix pieds d'épaisseur étaient garnies de plusieurs grilles et quelquefois cachées au-dehors par un soufflet en bois; un châssis vitré les fermait à l'intérieur. En face était une petite pièce ménagée dans l'épaisseur du mur; c'étaient les lieux d'aisance; toutes les chambres n'en avaient pas; on fournissait alors aux prisonniers des garde-robes que les porte-clefs vidaient tous les matins.

Sur le mur on voyait les traces de plusieurs ouvertures qui avaient dû servir de créneaux ou de fenêtres et qui avaient été bouchées depuis longtemps. La chambre avait dix ou treize pieds de largeur et autant de hauteur. »

Il est vrai qu'autrefois, toutes ces chambres de prison avaient deux ou trois fenêtres, de façon à laisser pénétrer l'air, mais un gouverneur zélé les avait fait boucher et avait fait adapter à la plupart de celles qui avaient été conservées une hotte qui interceptait une partie du jour.

A l'exception des cachots, toutes les chambres avaient des poêles ou des cheminées; celles-ci étaient très étroites, fermées dans le bas, au haut, et quelquefois, de distance en distance, dans le corps, par des barres de fer.

Le mobilier se composait d'un lit avec paillasse et matelas, un couvre-pied de serge verte et des rideaux de même étoffe, une ou deux tables, deux ou trois chaises, deux cruches, un chandelier, un couvert et un gobelet d'étain, un briquet, rarement, et par faveur, de petites pincettes et une pelle à feu, deux très grosses pierres au lieu de chenets; sur les murs nus, les prisonniers traçaient des dessins au charbon, des sentences, des vers et suppléaient ainsi, selon leur inspiration, au défaut d'ornementation de leur demeure forcée.

Presque toutes les chambres des étages supérieurs avaient un double plancher, l'un en chêne, l'autre en sapin.

Parlons maintenant des cachots; ils s'enfonçaient jusqu'à vingt pieds sous terre et n'avaient pour ouverture qu'une étroite barbacane donnant sur le fossé; ces cachots étaient pleins d'un limon où pullulaient les crapauds, les rats et les araignées.

Quant aux oubliettes, M. Viollet-le-Duc, le savant archéologue, pense qu'elles pourraient bien n'avoir jamais existé, et que ce qu'on a pris pour elles, n'était peut-être qu'une glacière; en tout cas, ce qu'on appela, lors de la prise de la Bastille, les oubliettes, était une salle voûtée à six pans, située dans le soubassement d'une des tours; tout autour de cette salle était un trottoir d'un mètre de largeur, et au milieu, un trou ayant la forme d'un entonnoir ou d'un cône renversé, terminé à la partie inférieure par un petit orifice destiné à entraîner les eaux.

Le prisonnier que l'on eût descendu dans cet entonnoir n'eût pu ni se tenir debout, ni s'asseoir; il eût été là comme soumis à une sorte de question prolongée.

Mais on ne peut nier l'existence des cages de fer qui furent démolies au xviie siècle, et elles étaient au nombre de trois, assure-t-on, construites sur le modèle de celle que Louis XI fit établir pour y enfermer l'évêque de Verdun et dont nous avons donné la description.

Il était une autre sorte de chambres, très redoutées de ceux qu'on amenait à la Bastille, c'étaient les calottes.

On appelait ainsi les chambres situées au dernier étage des tours, et dont le séjour était des plus pénibles pour ceux qu'on y enfermait. En été, il y faisait une chaleur insupportable et en hiver un froid excessif. Un ancien créneau qui servait de fenêtre, pratiqué dans un mur épais de six pieds, assez large en dedans, mais s'étrécissant vers le dehors, au point de n'avoir pour ouverture sur les fossés qu'une longue fente de deux à trois pouces de large et fermée à son extrémité la plus étroite par de grosses grilles de fer, laissait à peine arriver dans ces chambres une faible lueur.

Pélissery qui fut enfermé à la Bastille pendant sept ans, a écrit ceci: « Pendant les sept années que j'ai passées à la Bastille, je n'y avais point d'air durant la belle saison; en hiver, on ne me donnait pour réchauffer ma chambre glaciale que du bois sortant de l'eau. Mon grabat était insupportable, et les couvertures en étaient sales, percées de vers. Je buvais, ou plutôt je m'empoisonnais d'une eau puante et corrompue. Quel pain et quels aliments on m'apportait! des chiens affamés n'en auraient pas voulu. Aussi mon corps fut-il bientôt couvert de pustules, mes jambes s'ouvrirent, je crachai le sang et j'eus le scorbut. Les cachots ne recevaient l'air et le jour que par un soupirail. En hiver ces caves funestes sont des glacières, parce qu'elles sont assez élevées pour que le froid y pénètre; en été ce sont des poêles humides où l'on étouffe parce que les murs sont trop épais pour que la chaleur puisse les sécher. Il y en a une partie, et la mienne était de ce nombre, qui donnent directement sur le fossé où se dégage le grand égout de la rue Saint-Antoine. Il s'en exhale une infection pestilentielle qui, engouffrée dans ces boulins qu'on appelle chambres, ne se dissipe que très lentement. C'est dans cette atmosphère qu'un prisonnier respire. C'est là que pour ne pas étouffer entièrement, il est obligé de passer les nuits et les jours, collé contre la grille intérieure du soupirail par lequel coule jusqu'à lui une ombre de jour et d'air, mais il ne réussit bien souvent qu'à augmenter autour de lui la fétidité qui le suffoque. »

A côté de cette relation d'un prisonnier traité si inhumainement, opposons celle que nous a laissé Marmontel qui fut aussi envoyé à la Bastille sous Louis XV. « Dans le même fiacre, mon introducteur et moi, nous arrivâmes à la Bastille. J'y fus reçu dans la salle du conseil, par le gouverneur et son état-major. Ce gouverneur, M. Abadie, après avoir vu les lettres que l'exempt lui avait remises, me demanda si je voulais qu'on me laissât mon domestique à condition, cependant, que nous serions dans une même chambre et qu'il ne sortirait pas de prison qu'avec moi. Ce domestique était Bury. Je le consultai là-dessus, il me répondit qu'il ne voulait pas me quitter. On visita légèrement mes paquets et mes livres et l'on me fit monter dans une vaste chambre, où il y avait, pour meubles, deux lits, deux tables, un bas d'armoire et trois chaises de paille. Il faisait froid, mais un geôlier nous fit bon feu et m'apporta du bois en abondance. En même temps on me donna des plumes, de l'encre, du papier, à condition de rendre compte de l'emploi et du nombre de feuilles que l'on m'avait remises.

« Tandis que j'arrangeais ma table pour

me mettre à écrire, le geôlier revint me demander si je trouvais mon lit assez bon. Après l'avoir examiné, je répondis que les matelas étaient mauvais et les couvertures malpropres.

Dans la minute, tout cela fut changé. On me fit demander aussi quelle était l'heure de mon dîner. Je répondis : L'heure de tout le monde. La Bastille avait une bibliothèque; le gouverneur m'envoya le catalogue, en me donnant le choix des livres qui la composaient. Je le remerciai pour mon compte, mais mon domestique demanda pour lui le roman de Prévost, et on le lui apporta.

« Me voilà donc, au coin d'un bon feu, lisant la *Pharsale*, de Lucain, que j'avais apportée avec moi, méditant la querelle de César et de Pompée et oubliant la mienne avec le duc d'Aumont. Voilà, de son côté, Bury, aussi philosophe que moi, s'amusant à faire nos lits placés dans les deux angles opposés de ma chambre qui était, alors, éclairée par un beau jour d'hiver, nonobstant les barreaux des deux fortes grilles de fer qui me laissaient la vue du faubourg Saint-Antoine. Deux heures après, les verrous des deux portes qui m'enferment me tirent par leur bruit de ma profonde rêverie, et deux geôliers, chargés d'un dîner, que je crois le mien, viennent le servir en silence. L'un dépose devant le feu trois petits plats couverts d'assiettes de faïence commune, l'autre déploie sur celle des deux tables qui était vacante un linge un peu grossier, mais blanc. Je lui vois mettre sur cette table un couvert assez propre, cuiller et fourchette d'étain, du bon pain de ménage et une bouteille de vin. Leur service fait, les geôliers se retirent et les deux portes se referment avec le même bruit des serrures et des verrous. Alors Bury m'invite à me mettre à table et il me sert la soupe. C'était un vendredi; cette soupe maigre était une purée de fèves blanches, au beurre le plus frais, et un plat de ces mêmes fèves fut le premier que Bury me servit. Je trouvai tout cela très bon. Le plat de morue qu'il m'apporta, pour le second service, était meilleur encore. La petite pointe d'ail l'assaisonnait avec une finesse de saveur et d'odeur qui aurait flatté le goût du plus friand Gascon. Le vin n'était pas excellent, mais il était passable. Point de dessert; il fallait bien être privé de quelque chose. Au surplus, je trouvai que l'on dînait fort bien en prison.

« Comme je me levais de table et que Bury allait s'y mettre (car il y avait encore à dîner pour lui dans ce qui restait), voilà mes deux geôliers qui rentrent avec des pyramides de nouveaux plats dans les mains. A l'appareil de ce service, en beau linge, en belle faïence, cuiller et fourchette d'argent,

nous reconnûmes notre méprise; mais nous ne fîmes semblant de rien, et, lorsque les geôliers, ayant déposé tout cela, se furent retirés : « Monsieur, me dit Bury, vous venez de manger mon dîner, vous trouverez bon, qu'à mon tour, je mange le vôtre ». « Cela est juste, lui répondis-je ». Et les murs de ma chambre furent, je crois, bien étonnés d'entendre rire. Ce dîner était gras (malgré le vendredi). En voici le détail : un excellent potage, une tranche de bœuf succulent, une cuisse de chapon bouilli, ruisselant de graisse et fondant, un petit plat d'artichauts frits, en marinade, un plat d'épinards, une très belle poire de Cressane, du raisin frais, une bouteille de vieux vin de Bourgogne et du meilleur café de moka. Ce fut le dîner de Bury, à l'exception du café et du fruit qu'il voulut bien me réserver. L'après-dîner, le gouverneur vint me voir, et me demanda si je me trouvais bien nourri, m'assurant que je le serais de sa table, qu'il aurait soin de lui-même de couper mes morceaux et que personne que lui n'y toucherait. Il me proposa un poulet pour mon souper, je lui rendis grâce et lui dis qu'un reste de fruit de mon dîner me suffirait; on vient de voir quel fut mon ordinaire à la Bastille. »

En vérité, on pourrait croire en lisant ce récit, que Marmontel fut envoyé à la Bastille uniquement, après qu'il y eut été traité comme un prince en voyage visitant une des curiosités de la capitale, pour en faire le panégyrique; mais d'autres que lui furent aussi l'objet d'attentions délicates et de prévenances, tels que Morellet qui s'exprime ainsi :

« M. de Malesherbes m'envoya des livres; une bibliothèque de romans, qu'on tenait à la Bastille pour l'amusement des prisonniers, fut mise à ma disposition. On me donnait par jour une bouteille de bon vin, un pain d'une livre fort bon, à dîner, une soupe, du bœuf, une entrée et du dessert; le soir, du rôti et de la salade... J'avais une chambre en bon air; j'étais fort bien nourri et pourvu d'autant de livres et de papier que je voulais On m'a laissé écrire tout à mon aise, on ne m'a pas pris un chiffon de papier, et, ma pénitence finie, on m'a laissé emporter toutes mes écritures, même mon *Traité sur la liberté de la presse*, en me rendant celle de ma personne. »

Or, ceci prouve irréfutablement, qu'à la Bastille comme ailleurs, tout dépendait du bon plaisir de ceux qui disposaient à leur gré de la liberté des gens. Au reste, les gens de lettres en général y étaient convenablement traités; à toutes les époques les pourvoyeurs et gouverneurs de la Bastille redoutaient beaucoup les indiscrétions, et comme il est reconnu que les écrivains sont d'incorrigibles indiscrets, on s'arrangeait de façon qu'à leur sortie ils n'emportassent pas un souvenir trop pénible de l'existence qu'on leur avait imposée pendant un temps plus ou moins prolongé.

Ce fut ainsi qu'on accorda à Fréron, hôte de la Bastille, la permission d'y continuer la publication de son journal l'*Année littéraire* et que Voltaire y subit une détention très douce; mais, encore une fois, il faut se garder d'établir un jugement sur des faits isolés, et la vérité vraie est qu'on était traité à la Bastille selon les ordres du ministre qui vous y envoyait et qui, n'ayant à rendre compte à personne, pouvait, s'il était haineux et vindicatif, y faire souffrir au prisonnier toutes les tortures imaginables; tout comme il lui était loisible, s'il voulait seulement infliger une légère punition à quelqu'un, de l'envoyer à la Bastille, comme il eût pu le mettre aux arrêts simples, et le laisser s'y entourer de toutes les jouissances du confortable et de la bonne chère.

Mais si les gens en vue étaient, dans certaines circonstances, traités avec tous les égards qu'on était habitué alors à rendre aux personnes haut placées, combien de pauvres diables, de prisonniers vulgaires, et même de simples gentilshommes, expièrent à la Bastille une faute légère parfois, on le malheur d'avoir déplu à un puissant personnage et y subirent toutes les rigueurs d'un régime dont la sévérité pouvait être excessive.

Arrivons aux détails intéressant la vie d'un prisonnier et d'abord commençons par l'arrestation.

Un agent quelconque, le plus souvent un archer, touchait d'une baguette blanche la personne qui lui était désignée et, pour éviter tout bruit ou scandale, la faisait monter dans une voiture, soit celle qu'il avait eu soin de se procurer, soit celle qu'il rencontrait, l'agent étant autorisé à se saisir du premier véhicule venu — au nom du roi — pour effectuer le transport de son prisonnier; il montait avec lui et la voiture se mettait en marche, accompagnée de hoquetons ou d'archers.

On arrêtait de préférence la nuit, ou tout au moins à la brune.

Lorsque la voiture arrivait devant la Bastille la première sentinelle criait :

— Qui vive !

— Ordre du Roi ! répondait le chef de l'escorte.

Un sous-officier de garde venait reconnaître, jetait les yeux sur la lettre de cachet et laissait entrer, après avoir frappé sur une cloche pour avertir les officiers qu'un nouvel hôte arrivait à la Bastille.

Le lieutenant de roi et le capitaine des portes assistaient à la descente du prisonnier; quant aux soldats qui les entouraient sous les armes, ils devaient rabattre leur chapeau sur leurs yeux, et de même toute personne, employé, militaire, domestique, qui se trouvait présente, devait immédiatement se retourner, de façon à ne pas apercevoir les traits du prisonnier, ou s'enfuir au plus vite.

Cette règle était absolue.

Le prisonnier était alors conduit au gouverneur ou au lieutenant de roi qui l'interrogeait sommairement, afin de savoir à qui il avait affaire, car le gouverneur recevait des ordres des quatre secrétaires d'État qui pouvaient lui envoyer des prisonniers, mais la forteresse était placée sous la surveillance du ministre chargé du département de Paris, et c'était à celui-ci que le gouverneur était tenu d'adresser chaque jour l'état du mouvement des entrées et des sorties.

Lorsque le gouverneur recevait une lettre du lieutenant général de police, commissaire du roi à la Bastille, l'informant de l'envoi d'un prisonnier, ou lui ordonnant de le mettre en liberté, cette lettre s'appelait lettre d'anticipation, et il n'y avait égard autrement que pour informer le ministre qu'il avait reçu telle personne sur une lettre du lieutenant de police et qu'il attendait ses ordres pour l'écrouer régulièrement et définitivement.

Il en était de même pour l'ordre de sortie.

Chaque lettre de cachet était signée par le roi et contresignée par un ministre; au bas de cet ordre le gouverneur signait un reçu. Il arrivait parfois que des gentilshommes se rendaient eux-mêmes à la Bastille, porteurs de l'ordre qui devait les y faire recevoir. Dans ce cas, le gouverneur en donnait avis au secrétaire d'État qui avait contresigné la lettre de cachet et lui demandait des instructions touchant la façon dont il devait se conduire envers le personnage qui s'était rendu de lui-même à la forteresse et lui avait remis son épée; selon la réponse qu'il recevait, il traitait le prisonnier soit sévèrement, soit au contraire avec les plus grands égards, car il y avait inégalité complète dans la façon dont les prisonniers étaient traités, et c'est là ce qui a fait naître une si grande divergence d'opinions dans l'esprit des écrivains qui ont écrit sur la Bastille, et chacun d'eux a pu citer avec la plus entière bonne foi, selon qu'il était plus ou moins disposé à défendre ou à accuser le régime monarchique, des prisonniers qui trouvaient à la Bastille tout le confortable et même le su-

Le prince de Condé rentra à Paris comme un dieu Mars, monté sur un cheval plein d'écume.

perflu de la vie luxueuse, et d'autres qui y souffraient toutes les privations possibles.

Mais reprenons la suite des formalités relatives à l'entrée.

Tandis qu'on indiquait au porte-clefs la chambre qu'allait habiter le nouveau venu, celui-ci était mené dans une pièce voisine, où on le débarrassait de tout ce qu'il avait sur lui, épée, argent, bijoux, papiers, et après l'avoir fouillé on lui faisait signer une sorte d'inventaire dont la *Bastille dévoilée* nous donne cette copie assez informe sous le titre :

MODÈLE D'ENTRÉE

« L'ordre contresigné de X... en date de...

« Ce jourd'hui (jour, mois, année, heure) le sieur N... est entré à la Bastille par ordre du roi conduit par le sieur N... Le sieur avoit sur lui tant en or qu'en argent, bijoux etc... A l'égard des papiers, les avons mis sous enveloppe, scellés du cachet du château (ou sous le sien, s'il en a un; on lui laisse son cachet), lequel paquet il a étiqueté autour de son cachet et signé de sa main. A l'égard de son épée, il est désigné de quelle manière elle est. Le sieur... n'ayant d'autres effets sur lui, et signé sa dite entrée jour mois et an que dessus. — Si l'officier a mis un scellé ou plusieurs, on en fait mention au bas de la dite entrée. »

Reproduisons de suite la déclaration que signait le prisonnier à sa sortie et que le même ouvrage nous fournit :

MODÈLE DE SORTIE

« L'ordre contresigné de X... en date de...

« Le... étant en liberté, je promets, conformément aux ordres du roi, de ne parler à qui que ce soit, d'aucune manière que ce puisse être, des prisonniers ni autre chose concernant le château de la Bastille, qui auroient pu parvenir à ma connoissance. Je reconnois, de plus, que l'on m'a rendu l'or, l'argent, papiers, effets et bijoux que j'ai apportés ou fait apporter au dit château pendant le tems de ma détention : en foi de quoi j'ai signé le présent pour servir et valoir ce que de raison.

« Fait au château de la Bastille le jour, le mois, l'année, à... heures. »

Le gouverneur remettait alors le prisonnier aux mains des officiers de service, le dernier pont-levis s'abaissait et l'homme était alors conduit, soit dans une des grandes chambres du château, soit dans une calotte.

Le roi devait à ses prisonniers la vivre et le couvert, et jusqu'au XVIIIᵉ siècle il en fut ainsi. C'était au prisonnier de se faire apporter des meubles en les payant, — à la condition toutefois qu'il se fournirait chez le tapissier de la Bastille, ou que ses parents ou amis lui en enverraient. A partir de 1709, cinq ou six chambres furent meublées; en 1783, il y en avait vingt-cinq pourvues des choses à peu près indispensables, ainsi qu'on l'a vu plus haut.

Un tarif réglait la dépense des prisonniers pour la table, le blanchissage et la lumière, selon leur position sociale. « Pour un prince du sang il était alloué 50 livres par jour, un maréchal de France, 36 livres; un lieutenant général, 24 livres; un conseiller au parlement, 15; un juge, un prêtre, un financier, 10; un bon bourgeois, un avocat, 5; un petit bourgeois, 3; et les moindres des membres classés étaient à 2 livres 10 sols; c'étoit le taux des gardes et des domestiques. »

La *Bastille dévoilée* qui nous fournit ce renseignement ajoute : « Nous n'entrerons dans aucun détail sur le service de chaque repas de ces diverses classes. En général, presque tous ceux qui ont été à la Bastille se sont plaints de la nourriture et ont prétendu que cet article devoit être une mine d'or pour le gouverneur, qui, seul, en avoit l'inspection comme il en avoit l'entreprise. Chaque prisonnier avoit par jour une livre de pain, une bouteille de mauvais vin, une soupe sans goût, des viandes de la moindre qualité et mal apprêtées; en maigre, des mets au beurre fort ou à l'huile de réverbère. Le tout servi sur une vaisselle d'étain dont la saleté soulevait le cœur. Cependant quelques prisonniers avoient le crédit de se faire donner de la faïence et des couverts d'argent; on a permis à quelques autres de faire venir leur repas de chez un traiteur, ce qui leur coûtoit le double de ce qu'il leur en eût coûté en ville, mais du moins, évitoient-ils par là le dégoût qu'inspiroit la royale gargote du château. »

Les heures de repas étaient sept heures pour le déjeuner, onze heures pour le dîner et six heures pour le souper. Les porte-clefs portaient ces repas dans les chambres des prisonniers, ils coupaient les morceaux de viande avec un couteau à lame arrondie qu'ils remportaient.

M. Ravaisson, en parlant de la nourriture donnée aux prisonniers, n'est pas de l'avis de l'auteur de la *Bastille dévoilée* : « A la Bastille, la nourriture était saine et abondante, les repas que le gouverneur faisait servir auraient fait envie à plus d'un bourgeois aisé, et si la cuisine excitait les plaintes des prisonniers, c'est que le gouverneur en était chargé, et que se plaindre d'un geôlier, c'est toujours un soulagement pour ceux qu'il tient sous sa garde. »

Et il cite René-Auguste-Constantin de Renneville qui a écrit sur la Bastille où il passa onze ans, de 1702 à 1713, un ouvrage intitulé l'*Inquisition française*, et dont au reste il dit : « Il faut songer que c'étoit un espion, un prisonnier de seconde catégorie, et traité comme un homme sans importance ». Quoi qu'il en soit, Constantin de Renneville énumère avec complaisance, les bons repas qu'il faisait au château. « Il y avoit toujours plusieurs plats, potage, entrée, relevés, dessert à chaque dîner, deux bouteilles de vin, bourgogne ou champagne; on en donnait une troisième pour les besoins de la journée, aussi l'appétit le plus robuste ne suffisait-il pas à tout consommer»; et Renneville se moque des porte-clefs qui descendaient lentement la desserte, pour manger les restes, — sauf le vin que gardaient les prisonniers; aussi quelques-uns possédaient-ils une véritable cave très bien garnie, cave qui se trouvait placée au grenier et qui était disposée dans l'endroit le plus frais de la chambre. Ce n'est pas tout encore : les jours de fêtes, le gouverneur leur envoyait un supplément de vin. Un prisonnier reçut un jour, et en une seule fois, six bouteilles de vin de champagne.

Il est bon de dire que ce prisonnier est encore de Renneville, et le témoignage de cet espion n'offre pas beaucoup de sûreté; tout en admettant que les prisonniers reçussent une quantité de vin suffisante pour leur consommation, il est difficile de croire à des envois de six bouteilles de vin de champagne; il est vrai que Renneville explique cette libéralité du gouverneur en ce sens que plus il envoyait de vin à ses prisonniers plus il enflait la note des fournitures faites, et plus il bénéficiait.

« Des prisonniers trouvant le régime trop abondant et trop recherché, proposèrent au gouverneur de les traiter plus simplement et de partager avec lui la différence existant entre la dépense réelle et l'allocation accordée par le roi, ce qui fut accepté. Ce procédé budgétaire, assez singulier du reste, on doit le reconnaître, fut très fructueux pour ceux qui en avaient eu l'idée et leur valut (pour ceux dont le séjour fut de longue durée) un véritable capital représenté par des sommes assez considérables. Entrés pauvres à la Bastille, circonstance qui renverse toutes les légendes, quelques prisonniers en sortirent riches. »

Comment qualifier ce gouverneur à qui on ose faire de semblables propositions, et n'est-ce pas dans un cachot de la forteresse qu'il commandait qu'il eût dû être jeté?

Qu'elles accusent ou qu'elles défendent, encore une fois, les allégations de Renneville doivent être considérées comme très suspectes; payé par le ministère pour épier le prince d'Orange, cet homme avait été convaincu de recevoir de l'argent de celui qu'il devait surveiller; donc un pareil personnage devait trouver tout naturel le tripotage qu'il prête bénévolement au gouverneur, que d'ailleurs il continuait à servir comme espion des prisonniers, et c'est probablement grâce à cette jolie fonction, qu'il recevait les bouteilles de vin fin dont il parle.

Quelques prisonniers étaient dotés d'un ou plusieurs gardes chargés de les surveiller. On en accordait à d'autres pour les servir et coucher près d'eux. Dans l'un et l'autre cas, c'étaient des soldats invalides qui étaient portés sur les états de payement pour 30 sols par jour, bien qu'ils n'en touchassent que 25, le gouverneur en gardant 5 pour lui — comme du reste il gardait une partie de tout ce qu'il touchait. — C'était un moyen tout simple d'augmenter sa solde, et qui était très employé autrefois.

Les Archives de la Bastille nous apprennent encore que « les prisonniers pouvaient aussi acheter des livres autorisés. Mais on les examinait avec soin : chaque volume était décousu, les feuillets de garde décollés et la reliure défaite, pour surprendre les billets cachés dans l'intérieur ».

Nous avons dit qu'une bibliothèque avait été installée à la Bastille; elle datait de 1783 et elle était assez considérable pour mériter qu'un prisonnier en fît le catalogue.

« A ceux qui n'aimaient pas la lecture on permettait les jeux de dames et d'échecs, et les cartes étaient tolérées. Avec une autorisation ministérielle, on pouvait avoir du papier, de l'encre et des plumes. On ne recevait le papier que feuille à feuille et elles étaient soigneusement comptées; il fallait ensuite remettre aux officiers le même nombre de feuilles et la plume même qu'on avait reçue. On conçoit ces précautions dans un temps où le secret était l'habitude du gouvernement, surtout avec des gens arrêtés comme espions. Quelquefois on laissait aux auteurs leurs œuvres, plus souvent on les gardait pour les leur remettre à leur sortie.

« Ces distractions n'étaient pas les seules. Tous les prisonniers n'étaient pas à un régime sévère, les ministres accordaient des adoucissements. Il y avait ce qu'on appelait *les libertés de la Bastille*. On les avait graduées de manière à faire valoir les plus petites faveurs ».

C'était d'abord la promenade dans la cour. Les jeunes gens de famille, détenus sur la demande de leurs parents qui voulaient leur infliger quelques jours de pénitence, pouvaient aussi jouer aux quilles, au tonneau et au billard et causer entre eux; mais, qu'on le sache bien, il y avait deux catégories de prisonniers bien distinctes à la Bastille, et les malheureux qu'on emprisonnait pour raison d'État n'avaient droit à aucune de ces faveurs réservés aux prisonniers de passage; leur seule distraction consistait à tâcher malgré la surveillance des officiers et les peines les plus sévères, à inventer les moyens de correspondre avec le dehors; c'était en écrivant quelques mots sur un lambeau de chemise avec un os taillé en pointe et que le prisonnier trempait dans son sang en guise d'encre, et en essayant après s'être procuré un caillou ou tout autre objet d'une certaine pesanteur, de l'envelopper de ce billet et de le jeter par la fenêtre dans l'espoir qu'il tombât sous les yeux d'un passant; mais que de fois c'était peine perdue !

En cas de maladie des prisonniers, le gouverneur averti devait faire prévenir le médecin qui donnait les soins nécessaires. S'il y avait danger de mort il était envoyé un avis au ministre ainsi qu'au lieutenant général de police et on s'informait auprès d'eux s'il était à propos de faire administrer les malades; cette cérémonie devait se faire de préférence la nuit; le saint viatique venait de l'église Saint-Paul: on l'avait envoyé chercher par un porte-clefs qui conduisait le cortège jusqu'à la porte de la forteresse; arrivé là on cessait de sonner; le grand pont-levis du gouverneur était baissé, la garde se rangeait à l'intérieur, des deux côtés du pont, et se mettait en état de défense; en pareille occasion le tambour ne battait pas; les deux flambeaux qui accompagnaient le cortège restaient au corps de garde du château et le dais était laissé au bas de l'escalier de la tour dans laquelle se trouvait le malade, ainsi que les deux porteurs: il ne montait dans la chambre du prisonnier que le porte-Dieu et son répondant. On leur donnait six livres pour leur dérangement.

La cérémonie terminée, le cortège, s'en re-

tournait comme il était venu ; et le porte-
clefs le reconduisait à l'église.

Si le malade mourait, le gouverneur en
instruisait le ministre et le lieutenant de police.

L'enterrement se faisait la nuit à la paroisse Saint-Paul; deux porte-clefs y assistaient et servaient de témoins; en cette qualité, ils signaient les registres de décès.

A moins d'ordre contraire émanant du
ministre, le nom de famille ne figurait pas
sur l'acte de décès. C'était d'ordinaire un
commissaire spécial qui était chargé du détail de la sépulture et qui disait sous quel
nom le prisonnier devait être inhumé.

Le jeudi de l'octave de la Fête-Dieu, la
procession passait sur la place de la Bastille
et la garnison allait ce jour-là, à dix heures
du matin, se mettre en haie le long de la
chaussée joignant le couvent des dames
Sainte-Marie.

La procession débouchait par la rue des
Tournelles ; aussitôt que le clergé était
en vue du fort, il était salué par une salve
d'artillerie, et à l'approche du dais la troupe
mettait un genou en terre; le saint-sacrement entrait dans le couvent des dames
Sainte-Marie et pendant ce temps l'officier
commandait trois décharges de mousqueterie
à sa troupe. A la sortie du saint-sacrement du
couvent les soldats mettaient de nouveau un
genou en terre et une seconde salve d'artillerie se faisait entendre.

Enfin, lorsque la procession se mettait en
marche pour rentrer à Saint-Paul, l'officier faisait défiler et rentrer la garde au château et
une troisième fois le canon tonnait lorsqu'on
supposait que la procession arrivait à l'église.

On fêtait aussi la saint-Jean à la Bastille;
la veille trois salves d'artillerie étaient ti-
rées à quatre heures du matin ; le soir on
faisait un feu de fagots sur la place ; la garnison sortait à neuf heures du soir pour
assister au feu et se rangeait en haie autour
du bûcher; c'était alors que l'officier qui la
commandait prenait un flambeau des mains
d'un homme qui le suivait et mettait le feu
au bois ; au même instant le canon se faisait
entendre, puis une seconde décharge d'artillerie et une troisième d'artillerie et mousqueterie, après lesquelles l'officier rentrait
à la Bastille avec sa troupe.

Les princes et princesses du sang n'en-
traient jamais dans l'intérieur de la Bastille,
et les étrangers ne pouvaient y pénétrer
qu'avec une autorisation spéciale du gouverneur.

Lorsque le czar Pierre le Grand vint à
Paris, sous la Régence, il demanda à voir le
magasin d'armes de la Bastille et à la visiter ;

mais on lui fit comprendre, qu'à l'exception
du magasin d'armes, il ne pouvait en voir
davantage, et le temps qu'il passa à examiner
les armes, la compagnie de gardes de la Bastille fit la haie sur le chemin qu'il devait
prendre pour ressortir.

Lorsqu'on accordait aux parents ou aux
amis des gentilshommes détenus « par cor-
rection », l'autorisation d'entrer à la Bastille,
ils étaient tenus de déposer leurs épées au
corps de garde; seuls les maréchaux de
France avaient le droit d'entrer l'épée au
côté. Cependant, d'après une décision rendue par le duc d'Orléans, régent du royaume,
il fut permis aux capitaines des gardes du
corps et aux ducs et pairs de garder leur
épée.

Il n'était pas d'usage, jadis, de faire dire
des messes à la Bastille, soit pour les morts,
soit pour tout autre motif; lorsque les prisonniers demandaient à en faire dire et qu'ils
en avaient obtenu la permission, elles se di-
saient au dehors.

On ne priait, dans l'intérieur de la Bastille,
que pour le roi et la famille royale.

Cependant, sous Louis XV, cette coutume se modifia, et six prisonniers purent,
les dimanches et fêtes, assister à des messes
qui étaient dites trois fois dans la matinée ;
ce nombre de six était absolu, en raison du
chiffre correspondant des tribunes étroites
dans lesquelles chaque prisonnier se tenait
pour assister à la première ou à la seconde
messe seulement, la troisième étant dite pour
le gouverneur et les personnes de sa maison ;
cependant, par faveur spéciale, le gouverneur
autorisait parfois quelques prisonniers privi-
légiés à prier en sa compagnie.

Nous avons jusqu'alors montré en quoi
consistait le régime ordinaire des prisonniers
sans importance, que nous avons même
appelés souvent des détenus; mais venons
à ceux qui étaient considérés comme
des criminels. Pour ceux-ci, il y avait toutes
les horreurs du cachot et la chambre de la
question, dont nous n'avons pas encore parlé,
et qui était située au bas de la tour du Trésor;
c'était là, qu'avant que Louis XVI eût aboli
cette atroce coutume de torturer les accusés
pour obtenir d'eux par la douleur, l'aveu de
leurs crimes, on faisait subir aux malheureux envoyés à la Bastille pour y attendre
leur jugement, des supplices aussi barbares
qu'inhumains.

Cependant, bien que les hommes civilisés
aient inventé des raffinements de cruauté
que repousseraient des tribus sauvages, on
n'employait à la Bastille que deux modes de
tortures : celle de l'eau et celle des brodequins. H. Sanson, l'ancien exécuteur des

Fortifications de la Bastille. (Vue prise du côté du faubourg Saint-Antoine, en 1552.) Gravure extraite de *Paris à travers les siècles*, n° 2.

hautes œuvres de la Cour de Paris, va nous renseigner sur ce qu'étaient l'une et l'autre : La question par l'eau consistait, une fois que le condamné avait entendu lire sa sentence, à le faire asseoir sur un tabouret en pierre ; on lui attachait, derrière le dos, les poignets à deux anneaux de fer distants l'un de l'autre, puis les deux pieds à deux autres anneaux placés devant; on tendait toutes les cordes avec force, et lorsque le corps du patient commençait à ne plus pouvoir s'étendre, on lui passait un tréteau sous les reins. Le questionnaire tenait d'une main une corne de bœuf creuse, de l'autre, il versait de l'eau dans la corne et en faisait avaler au criminel quatre pintes pour la question ordinaire, et huit pour la question extraordinaire.

Un chirurgien faisait suspendre la question pour un instant lorsqu'il sentait faiblir le pouls du patient. Pendant cet intervalle on l'interrogeait.

Un mémoire de 1697 dit : « Si c'est une femme ou fille, il lui sera laissé une jupe avec sa chemise, et sera la jupe liée aux genoux ».

Le brodequin consistait à serrer la jambe du patient entre quatre planches de chêne. Ces planches étaient percées de trous, dans lesquels on passait des cordes pour serrer plus fortement les planches ; le bourreau enfonçait ensuite, à coups de maillet, des coins de bois entre ces planches, de manière à comprimer et même briser les jambes du patient. La question ordinaire était de quatre coins, la question extraordinaire de huit.

Il y avait une autre façon de donner « les brodequins » ; elle consistait à appliquer sur la jambe du malheureux qui la subissait, un bas de parchemin mouillé; on approchait la jambe du feu, ce qui occasionnait un violent rétrécissement qui causait une douleur insupportable.

Bien qu'au XVIIIe siècle on ne se servît plus, nous l'avons dit, que des deux moyens de torture que nous venons d'indiquer, il faut croire que, précédemment, on employait tous ceux en usage, car, lorsque La Porte fut, par ordre de Richelieu, emprisonné à la Bastille, on le fit descendre à la chambre de la question, et là, pour l'intimider, on lui fit voir en détail tous les instruments de torture et on lui expliqua tout au long comment on se servait des ais, des coins, des cordages, des tenailles, et comment on arrivait à tenailler les chairs, à faire craquer les os, à aplatir les genoux.

Mais laissons de côté ces tristes souvenirs de pratiques odieuses, heureusement disparues.

Voici quelle était la consigne observée dans le corps de garde de la Bastille; elle est datée de 1761, et demeura en usage jusqu'au 14 juillet 1789, jour de la prise de la forteresse :

I. Le commandant du poste ne laissera entrer l'épée au côté que le Roi, Monseigneur le dauphin, les princes du sang et légitimés, les ministres de Sa Majesté qui sont secrétaires d'État, MM. les maréchaux de France, les capitaines des gardes du corps, les ducs, l'état-major, le directeur du génie ou ingénieur, l'officier d'artillerie et les gardes des archives.

II. On aura soin de faire entrer sans retard M. le commissaire de Rochebrune chaque fois qu'il se présentera.

III. Les bas officiers doivent s'appliquer à connoître la figure et le nom de tous les domestiques et autres personnes qui entrent et sortent journellement dans le château.

IV. Ils doivent aussi savoir le nom des tours, pour pouvoir, quand ils sont en faction dans la nuit, dire positivement dans laquelle ils auront remarqué quelque chose de nouveau.

V. La sentinelle de la porte de la cage, du côté du corps de garde, ouvre et ferme la porte ; elle ne doit laisser entrer ni sortir personne qu'elle ne connoisse parfaitement ; elle arrêtera tous ceux et celles qu'elle ne connoîtra pas.

VI. La sentinelle de dedans la cage qui est dedans la cour intérieure doit en user de même, et surtout bien s'assurer des personnes qui sortent de l'intérieur, et, au moindre doute, arrêter ceux qui se présenteront, et faire venir un officier de l'état-major pour lever la difficulté; de plus, elle sonnera l'heure à tous les quarts pendant la nuit, depuis dix heures du soir jusqu'à six heures du matin, et trois coups de cloche seulement à chaque heure du jour, depuis sept heures du matin jusqu'à neuf heures du soir; de plus, la sentinelle sonnera pour la messe, et, après avoir sonné la messe, elle se retirera au corps de garde, en fermera la fenêtre et attendra qu'on l'avertisse pour aller en faction à la porte des cabinets de la chapelle, où elle demeurera jusqu'à ce que la messe soit finie.

VII. Après la messe elle entrera dans le corps de garde, jusqu'à ce qu'on l'avertisse pour retourner en faction à la porte du dedans de ladite cage.

VIII. Elle ne doit point perdre de vue les prisonniers qui se promèneront dans la cour; il faut qu'elle ait une attention continuelle à remarquer s'ils jettent ou laissent tomber papier, billet, paquet ou autres choses quelconques; elle empêchera qu'ils n'écrivent sur les murailles, et rendra compte de tout ce qu'elle aura remarqué pendant le temps de sa faction.

IX. Il est très expressément défendu aux sentinelles et à tous autres, quels qu'ils puissent être, excepté les officiers de l'état-major et les porte-clefs, d'adresser la parole, ni même de répondre aux prisonniers, sous quelques prétextes que ce soit.

X. Les corps de garde fourniront quatre fusiliers pour poser au bas des escaliers, lorsqu'on servira les prisonniers à dîner, à onze heures du matin, et à souper, à six heures du soir, de même que dans d'autres cas si on en a besoin.

XI. Les sentinelles, lorsque la nuit sera fermée, crieront : « Qui va là » à tous ceux qui se présenteront, et ne laisseront passer personne sans l'avoir bien reconnu.

XII. Avant de faire lever les ponts pour la fermeture du poste, le commandant du poste fera avertir, dans le gouvernement, tous ceux qui doivent coucher dans l'intérieur ; les ponts levés, il remettra les clefs à M. le lieutenant de roi et reviendra les chercher à l'arrivée des ordres du roi et à l'ouverture des portes.

XIII. A l'arrivée d'un prisonnier, soit de jour ou de nuit, le commandant du poste fera entrer toute sa troupe dans le corps de garde et aura attention qu'il ne soit vu ni parlé à personne.

XIV. L'ouverture des portes se fera le matin à cinq heures, en été, et à six heures en hiver, à moins qu'il ne soit ordonné autrement.

XV. Lorsqu'il y aura des ouvriers qui travailleront dans l'intérieur, il faut toujours une sentinelle à demeure auprès desdits ouvriers, et quelquefois plusieurs, quand le cas l'exigera, pour veiller sur ces mêmes personnes, avec la même attention et vigilance que si on leur avoit confié un prisonnier, pour qu'il ne se commette aucunes choses contre le bien du service du roi, ni qui puisse tendre à corruption ni approcher d'intelligence avec aucun prisonnier.

XVI. Lorsque le caporal de garde ou autres bas officiers seront commandés pour aller au jardin sur des tours pour y accompagner un prisonnier, il leur est défendu très expressément d'avoir aucun entretien avec lui ; ils sont seulement pour prendre garde à ses actions, et qu'il ne fasse aucun signal au dehors, et faire rentrer les prisonniers à l'heure qui leur sera ordonnée et le remettre à un officier de l'état-major, et à son défaut entre les mains d'un porte-clefs.

XVII. Lorsqu'il arrive des ordres du roi pour mettre un ou plusieurs prisonniers en liberté, la sentinelle de la cage ne les laissera point sortir absolument, sous quelque prétexte que ce puisse être, que ce ne soit un officier de l'état-major qui les fasse passer ; il en sera usé de même pour les prisonniers, quels qu'ils soient, qui auront la promenade au jardin, et s'il ne se trouve pas d'officiers de l'état-major au château, les prisonniers ne se promèneront pas. »

Le 20 septembre 1764, l'ordre suivant fut adressé au gouverneur de la Bastille par le ministre :

« DE PAR LE ROI, sa Majesté voulant, pour le bien du service, établir une règle concernant différens usages et voulant remédier aux inconvéniens qui en résultent pour toutes les variétés arbitraires, elle a ordonné et ordonne ce qui suit :

« Article 1er. — Le gouverneur qui commandera ou tout autre officier ne reconnoîtra que les ordres de Sa Majesté et ceux qui lui seront donnés par le secrétaire d'État.

« Art. 2. — L'ordre établi pour le service intérieur et extérieur de la place ne pourra être changé que par ordre du gouverneur et en son absence ou par congé, ou autrement ; rien ne pourra être augmenté ou diminué que par le secrétaire d'État ayant le département de Paris.

« Art. 3. — Le gouverneur ne pourra découcher sans la permission du secrétaire d'État du département de Paris, de même que les officiers dudit état-major ; en cas de maladie du lieutenant de Roi et du major, qui seront obligés de coucher dans l'intérieur, le gouvernement instruira le ministre si l'on croit être obligé de les transporter hors de l'intérieur.

« Art. 4. — Aucun officier de l'état-major ne pourra sortir hors de la ville, pour aller à la campagne ou ailleurs, sans en prévenir le gouverneur.

« Art. 5. — Veut sa Majesté que tous les officiers de l'état-major dudit château fassent tous les jours, au moins une ronde, et que pendant le jour il reste toujours au château deux des officiers, et dans le cas où il y auroit quelqu'un de malade, il en restera au moins un.

« Art. 6. — Le roi ayant reçu le serment de fidélité du gouverneur, l'intention de sa Majesté est qu'il reçoive à l'avenir ceux des lieutenant de roi, major et autres officiers dudit château, duquel serment sera fait mention sur les provisions, brevets et commissions qui leur seront expédiés.

« Art. 7. — Sa Majesté veut, entend, qu'en l'absence du gouverneur, soit par congé ou autrement, l'officier qui se trouvera à commander audit château ne laisse voir ni parler à aucun prisonnier par qui que ce soi

La porte Saint-Antoine sous Louis XIII.

du dehors, sans être porteur des ordres de sa Majesté et que les visites se fassent dans la salle du conseil dudit château et non dans les chambres de l'état-major, à moins que la salle du conseil ne fût occupée pour quelque travail et que les visites se fassent en présence de deux officiers.

Art. 8. — Tous les officiers de l'état-major iront plusieurs fois par semaine voir les prisonniers dans leurs chambres et en rendront compte tous les jours à M. le gouverneur, excepté aux prisonniers qu'il défendra de voir; ce qui s'observera en son absence comme présent au dit château. Mande et ordonne, sa Majesté, au gouverneur dudit château, de tenir la main à la présente ordonnance, et à tous les officiers de s'y conformer sans pouvoir y contrevenir, chacun à son égard, en quelque manière que ce soit, dérogeant Sa Majesté pour le château de la Bastille seulement, à toutes ordonnances contraires, etc. Signé : Louis, et plus bas : Phelypeaux. »

La *Bastille dévoilée* donne la liste suivante des gouverneurs de la Bastille :

Le sire de Saint-Georges fut mis dans la Bastille pour y commander sous Charles VI en 1404.

Le prince Louis de Bavière, oncle du dauphin, y fut mis en 1413, pour commander par le dauphin, le roi étant malade.

Thomas de Beaumont, en 1437, sous Charles VII.

Philippe L'Huillier, sous Louis XI, en 1475. Pendant le procès du connétable de Saint-Paul, il eut ordre d'être présent et d'assister à tous les interrogatoires qu'on lui fit subir à ce seigneur.

Le duc de Guise, sous Henri III, Bussy Leclerc y gouverna sous lui comme capitaine, en 1588; du Bourg, sous Henri III et Henri IV; il était gouverneur lors de la réduction de Paris, le 22 mars 1594. Il avait d'abord fait mine de vouloir défendre la forteresse, mais il se rendit trois jours après la réduction de la ville et en sortit « bague et vie sauve. »

Maximilien de Béthune, duc de Sully, sous Henri IV, en 1601 et en 1611. Il remit le gouvernement à Louis XIII qui lui fit donner 60,000 livres de récompense.

Marie de Médicis étant régente sous Louis XIII s'en fit gouvernante en 1611 et en donna la garde à M. de Chateauvieux son chevalier d'honneur. Il y était en qualité de lieutenant du roi.

Le maréchal de Bassompierre, sous Louis XIII, en 1617. Le roi nomma M. de Bassompierre pour commander à la Bastille avec 60 suisses qui se relevaient à tour de rôle pour le service. Il n'y resta que huit ou dix jours, au bout desquels le roi lui donna l'ordre de remettre la place aux mains de M. de Luynes qui ne resta pas, non plus, longtemps en possession de son gouvernement, car le maréchal de Vitry fut aussi gouverneur dans le courant de la même année, 1617.

Le duc de Luxembourg, frère du connétable de Luynes, gouverneur en 1626.

Le maréchal de l'Hospital aussi en 1626. Le 7 mai il vint à la Bastille y amener les sieurs Modène et Daugent et en chassa la compagnie que le duc de Luxembourg y avait mise et la remplaça par 30 soldats du régiment des gardes qui se relevaient aux ordres du sieur de la Coste, enseigne des gardes du corps. Cet officier commanda à la Bastille jusqu'au moment de la Fronde, où il fut remplacé par Le Clerc du Tremblay; après que la Bastille se fut rendue et que le Parlement eut fait sa paix avec le roi, il fut stipulé dans le onzième article du traité, que la Bastille serait remise entre les mains du roi; ce traité fut signé à la date du 11 mars 1649. Le 1er avril, la paix fut confirmée et ce jour-là la cour promit de ne point presser la restitution de la Bastille et elle s'engagea même sur parole, de la laisser aux mains de Louvières, fils du président Broussel; il fut en effet établi gouverneur par le Parlement lorsque la Bastille fut prise par le duc d'Elbeuf.

Le 21 octobre 1652, le roi étant rentré à Paris, Louvières remit le gouvernement de la Bastille à M. de la Bachelerie, qui y avait été envoyé par le roi, afin de recevoir sa démission.

Baisemaux de Montlezun fut nommé gouverneur le 10 avril 1658 et Louvières reçut une gratification de 90,000 livres.

Bénigne d'Auvergne de Saint-Mars, seigneur de Dimon et Balleteau, bailli et gouverneur de Sens fut fait gouverneur de la Bastille, le 19 décembre 1697; il y mourut le 26 septembre 1708.

Charles Le Fournier de Bernaville, ancien lieutenant de roi du château de Vincennes, lui succéda le 12 novembre 1708, il mourut le 8 décembre 1718.

Jourdain de Launey, lieutenant de roi de la Bastille, depuis le 10 août 1710, en fut fait gouverneur le 9 décembre 1718; il mourut le 6 août 1749; il fut remplacé dès le même jour par Pierre Baisle, ancien lieutenant de roi au château de Vincennes, exempt des gardes du corps et capitaine au régiment de Champagne. Il mourut le 5 décembre 1758.

François Jérôme Dabadie, lieutenant de roi de la Bastille, ancien capitaine au régiment de Piémont, fut nommé à sa place le 8 décembre 1758; il mourut le 18 mai 1761.

Messire Antoine-Joseph-Marie Mâcon-Chapelles comte de Jumilhac de Cubjac, premier gentilhomme de la chambre du roi de Pologne, gouverneur le 29 mai 1761.

Jourdan, marquis de Launey, né à la Bastille en 1740, mousquetaire noir, puis officier au régiment des gardes jusqu'à 1763 ou 1764, gouverneur au mois d'octobre 1776. mort le 14 juillet 1789.

A cette liste que nous avons voulu donner telle qu'elle fut publiée, il convient d'ajouter 1o le premier gouverneur omis : Jean de la Personne, vicomte d'Assy, qui fut investi du commandement en 1385; 2o de Vic, qu'Henri IV, lorsqu'il entra à Paris, donna pour successeur immédiat à du Bourg avant que Sully fut nommé gouverneur.

Voici comment se composait, en 1789 le gouvernement du château royal de la Bastille :

Le marquis de Launey[1] (nommé en 1776), capitaine et gouverneur.

Le chevalier de Saint-Sauveur (1768) lieutenant pour le roi.

Chevalier (1749) major.

Bailli de Gallardon (1775) adjoint en survivance.

Delosme (1782) officier adjoint à l'état-major.

L'Archer Daubancourt (1765) ingénieur en chef et directeur des fortifications.

Delon de Lassaigne (1768) médecin du roi.

Le Coq (1750) chirurgien et apothicaire major.

Bottin des Essard (1779) chapelain du château. — Mac-Mahon, honoraire. — L'abbé Faverty, honoraire. — L'abbé Tauf, confesseur. — L'abbé Duquesne, en survivance. Martin, commis aux archives. — Duval, garde des archives.

---

1. Bien que la plupart des historiens écrivent ce nom de Launay, l'acte de naissance du gouverneur porte de Launey.

Chenon père (1774) commissaire.

Le Febvre (1775) entrepreneur des bâtiments du roi et de la Bastille.

Ajoutons qu'il y avait aussi à la Bastille une sage-femme en titre et que son office ne fut pas toujours une sinécure.

III

LES PRISONNIERS

S'il nous fallait consigner ici le nom de tous ceux qui furent emprisonnés à la Bastille, il nous faudrait dresser une liste si longue qu'elle ne tarderait pas à fatiguer le lecteur.

Les grands criminels, surtout les gens accusés de conspirer contre l'autorité royale s'y succédèrent depuis Charles V jusqu'à Louis XVI.

Nous avons déjà cité le connétable de Saint-Paul, Chabannes de Dampmartin, d'Armagnac, le maréchal de Biron.

De hauts et puissant barons y expièrent parfois par de longues années de captivité une idée de révolte ou un rêve d'ambition.

Mais c'est surtout sous Louis XIV et sous Louis XV, que les emprisonnements à la Bastille furent fréquents : gens de lettres, grands seigneurs, prêtres, jansénistes, molinistes, bourgeois, et gagne-deniers, c'est un défilé interminable de gens de toutes les classes de la société.

« Pendant le temps de ma prison (1702-1713), dit Constantin de Renneville dans son *Inquisition française*, j'ai vu à la Bastille, malgré la vigilante précaution de nos argus, non seulement des Français, des Allemands, des Anglais, des Ecossais, des Irlandais, des Espagnols, des Polonais, des Suédois, des Danois, des Moscovites, et généralement des personnes de toutes les nations de l'Europe, mais encore des peuples de toutes les parties de la terre, et même des plus reculées et qui à peine nous sont connues. J'y ai vu des Africains, des Asiatiques, des Américains, des Turcs, des Mores, des popes grecs, des dervis, des prélats, des ministres, des prêtres et des moines de toutes les couleurs, j'y ai vu des princes, comme le fils du roi de Maroc, que l'on y a traité d'une manière barbare et cruelle, comme le dernier des goujats ; le prince de la Riccia, qui malgré ses éminentes qualités et ses vertus, véritablement dignes d'admiration, a été la victime de l'avarice et de la haine furieuse de l'orgueilleux Bernaville, le plus exécrable de tous les tyrans. J'y ai vu des ducs et pairs, des cordons bleus, des officiers généraux, entre autres les lieutenant général Cherberg du canton de Zurich, homme plus que septuagénaire qui avait blanchi dans le service du roi, et qui, pour avoir dit trop librement sa pensée à M. le maréchal de Villeroi, à la bataille de Ramillies fut enfermé dans cette affreuse spelonque, où Bernaville fait souffrir à ce vénérable vieillard des tourments dont les plus cruels bourreaux de l'armée ne voudraient pas punir un soldat suisse qui aurait dix fois mérité l'estrapade.

« J'ai vu dans ce repaire infâme, autrefois la prison des princes du sang, de la noblesse de France enfin, des prisonniers d'Etat, j'y ai vu des crocheteurs et des prélats, des décrotteurs de souliers et des ministres, des abbés et des prêtres, des soldats et des quatre mendiants, des clercs, des procureurs et des magistrats, des bergers et des colonels, des crieuses de vieux chapeaux et des religieuses, des vieillards et des enfants, des duègnes décrépites et des jeunes filles, des criminels et des innocents.

« Enfin j'y ai vu toutes sortes de personnes et de nations confondues les unes avec les autres dans le dur pressoir d'airain d'un tyran qui faisait mouvoir tous les ressorts de sa machine infernale pour exprimer la substance de ses malheureux pigeonne aux ainsi qu'il les appelle... »

Mais prenons quelques années de la période des règnes de Louis XIV et Louis XV, et nous aurons une idée du mouvement qui se produisait dans la population de la prison.

En 1663, il entra à la Bastille 54 prisonniers par les ordres signés par le Tellier et par le maréchal d'Estrées ; les causes générales de leur emprisonnement furent l'impression clandestine de certains ouvrages, leur colportage et les affaires du surintendant Fouquet. Parmi les principales personnes arrêtées, on trouve le marquis de Sablonière qui avait déjà été mis à la Bastille l'année précédente ; M. de la Bazinière (celui qui donna son nom à une des tours) ; de Guénégaud, trésorier de l'épargne ; de Saint-Martin, sénéchal d'Auch ; le marquis de Termes et le chevalier de Flamarens ; le baron de Castelinel ; Pradier sorti après deux mois de détention, après s'être engagé « à ne plus se mêler de gazettes » ; Mousher, ce prisonnier obtint la permission de pouvoir se promener dans la cour ; Nicolas Foucquet, surintendant des finances, son médecin Pecquet, et La Vallée son valet de chambre ; l'ordre d'entrée de ces trois derniers prisonniers est daté du 18 juin 1663.

Le procès du surintendant peupla la Bastille, car c'était à propos du complot contre la sûreté de l'Etat que de nombreuses arrestations avaient été opérées depuis 1661 ; à commencer par Doute, commis de Bruant, commis lui-même de Foucquet, et une servante de Bruant, Martin greffier, Devos, Pellisson premier commis de Foucquet, qui entra à la Bastille en décembre 1661 et y resta jusqu'en 1666; cet homme était entièrement dévoué à Foucquet; il fit preuve d'une fermeté, d'une constance inébranlables et d'un attachement profond envers son bienfaiteur et son ami. Lorsqu'il fut emprisonné, tous les moyens furent employés pour lui arracher les secrets de Foucquet; on lui offrit sa liberté, de l'or, il refusa tout; dans sa chambre, fut enfermé un Allemand, chargé d'épier et de rapporter les paroles qui pourraient échapper à sa confiance. Pellisson le devina, et bientôt sa résignation, sa bonté gagnèrent le cœur de cet homme qu'il réhabilita en l'associant à son infortune. Il s'en fit un agent fidèle qui l'aida à répandre au dehors trois mémoires en faveur de Foucquet; mais alors Louis XIV irrité donna l'ordre de traiter le prisonnier avec la dernière rigueur. Pellisson fut mis au cachot, l'encre et le papier lui furent retirés, on lui laissa seulement quelques ouvrages des Pères de l'Eglise et plusieurs livres de controverse et on plaça auprès de lui un Basque stupide, qui tout le jour jouait de la musette pour se distraire. Pellisson trouvait bien longues les heures de cette dure captivité ; ce fut alors qu'il sut se créer une distraction singulière. Dans un soupirail qui reflétait une lumière douteuse sur sa prison, une araignée avait tendu sa toile : Pellisson résolut d'apprivoiser l'insecte; au moment où le Basque jouait de son instrument, Pellisson plaçait des mouches sur le bord du soupirail ; l'araignée peu à peu s'enhardissait et allait saisir sa proie que le prisonnier éloignait pour familiariser l'insecte. Ainsi l'appelant toujours au même son, et mettant sa proie de proche en proche, il parvint après plusieurs mois d'exercice à discipliner si bien cette araignée, qu'elle partait toujours au signal pour aller prendre une mouche au fond de la chambre et jusque sur les genoux du prisonnier.

Cette innocente distraction allait bientôt lui être enlevée. Un jour un guichetier écrasa méchamment sous son pied l'araignée, en disant à Pellisson qu'un homme tel que lui ne méritait d'avoir aucune distraction.

Il faut encore joindre aux noms de ceux qui furent impliqués dans le procès Foucquet ceux de Tardif, de Montez, trésorier général à Limoges, Legrand, procureur du roi aux eaux et forêts de Saint-Germain; de la Haye; Ratier, paysan, Pouilly, Courtois, Delorme, Bernard, tous commis de Foucquet, de Richemont, commis de Bernard, Girard, de Launay avocat du roi en bailliage d'Evreux, Mᵐᵉ de Montigné, Guermond, de Montagnac, Jacques, domestique, le marquis de Jonzac, Veneria, Allard et Lespine domestiques, Cosard, maire de Pontoise, Jeannin de Castille, trésorier de l'épargne, Regnault Deslandes, Matthieu, avocat, Lesoyeux, écrivain public, Poirier, Coduro, financier, Catelan, financier, Legris, Friais, Coquier, Laudron père et fils, Griport, Poyn, Devin, Aubusson, Gallois, Hoyau, Mᵐᵉ Desfontaines; Pean, Mercier, Robert David, domestiques; de Port, commis de M. de Guénégaud; Perrier, contrôleur des rentes; Spol vendeur de baudriers, Lafleur, garde de la prévôté de l'hôtel, Monnerot.

Jamais procès n'avait amené une telle affluence de prisonniers à la Bastille, il fallut en loger partout; l'un d'eux Courtois y mourut, les autres y restèrent de un à sept ans; quant au principal accusé, à Foucquet, une note tracée sur le grand registre de la Bastille porte : « Il a été condamné par arrêt de la chambre royale de l'Arsenal du 20 décembre 1664 au bannissement perpétuel; peine qui fut commuée par des considérations d'Etat en un emprisonnement perpétuel. — Ce prisonnier a toujours été gardé à vue pendant son procès par M. d'Artagnan qui ne l'a quitté qu'au château de Pignerol, où il l'a conduit lors de sa sortie de la Bastille (décembre 1664) avec une escorte de cent mousquetaires. M. Foucquet y est mort sur la fin de 1680 ou au commencement de 1681. Il a été enterré, le 28 mars 1681 à l'église du couvent des dames de Sainte-Marie, grande rue Saint-Antoine, à Paris ».

En 1661, 13 personnes entrèrent à la Bastille pour libelles et pour jansénisme : parmi elles se trouvait le comte de Crussol; une lettre du tribunal des maréchaux de France, signée d'Estrées portait l'ordre au gouverneur de ne laisser parler ni conférer ce prisonnier avec personne.

En 1674, ce fut le grand veneur de France, Louis, chevalier de Rohan, qui non seulement y fut incarcéré, mais y eut la tête tranchée, le 27 novembre.

Criblé de dettes et ne sachant comment sortir de la terrible situation dans laquelle il se trouvait, le chevalier de Rohan, fils du prince de Guéménée, n'avait point hésité à entrer dans une conspiration à la tête de laquelle se trouvait Latréaumont; ce dernier s'était abouché avec le gouvernement hollandais il devait lui livrer Quilleboeuf et soulever la Normandie. En échange de sa promesse de contribuer au soulèvement, Rohan reçut 100,000 écus de traites payables à Londres.

Prise de la Bastille, en 1789.

Mais le complot fut découvert. Pendant que Latréaumont était mortellement blessé en se défendant contre des gardes du corps chargés de l'arrêter, on mettait la main sur ses complices qui furent décapités ou pendus et Rohan était jeté à la Bastille.

Le chevalier, contre qui on n'avait aucune preuve certaine, se livra à de tels accès de fureur, qu'on dut le mettre au cachot et l'enchaîner.

Il persistait à nier sa culpabilité lorsque le conseiller Bezons, usant d'un moyen indigne d'un magistrat, lui promit sa grâce s'il faisait des aveux.

Trompé par cette promesse, il avoua tout et fut condamné à la peine capitale.

Personne n'osa intercéder en sa faveur, pas même sa mère.

Lorsque le chevalier apprit qu'il allait être exécuté dans le fossé de la Bastille, il répondit :

— Tant mieux! nous en aurons plus d'humiliation.

Et sa tête tomba.

L'empoisonneuse La Voisin fut enfermée à la Bastille en 1680 et soumise à la torture; elle fit des aveux qui compromirent au plus haut point un grand nombre de personnages de la cour et n'en sortit que pour être brûlée vive à la Grève [1].

En 1681, les noms de 52 prisonniers nouveaux figurent sur le registre d'entrée, la plupart y furent envoyés pour délit d'impression et de colportage de livres défendus : on y voit un certain Étienne de Bray, berger à Vincennes, « convaincu de crime de lèze-majesté divine, de sacrilège, impiété, maléfice et de plusieurs empoisonnemens, complice de Jacques Dechaix et Jeanne Chanfrain. Il fut condamné à être étranglé en place de Grève, son corps jeté au feu et ses cendres au vent. »

En 1684, on en compte 51 ; c'est entre autres, un sieur Thomas Crisafi, chevalier de Malte et son frère Antoine, soupçonnés d'intrigues avec l'ambassadeur d'Espagne, contre le service du roi; une femme, Marie-Geneviève de Saint-André, y avait été envoyée « soupçonnée de mauvais desseins, ayant cassé les glaces du carrosse de la reine. »

Un sieur Joseph Jorin ou Jarina, valet de pied de l'ambassadeur de Venise, y fut aussi emprisonné, pour avoir dit dans une antichambre de Versailles, en présence de ses camarades — (l'un d'eux, valet de pied comme lui, partagea son sort) :

— Qui pourrait m'empêcher d'aller tuer le roi?

Il paraît que cette année-là, on conspirait

[1]. Voir pour les détails de cette affaire criminelle, *Paris à travers les siècles*, 1er vol., p. 191 et suiv.

volontiers contre la personne de Louis XIV, car nous voyons encore le sieur Béranger de la Berrière, major au régiment de Bourgogne, incarcéré pour « machinations contre la personne du roi », et un certain comte de Morlot, embastillé comme « soupçonné d'avoir machiné plusieurs intrigues en Hollande, avec le prince d'Orange, faisant plusieurs voyages de Hollande à Paris et par des lettres qu'il faisoit circuler et dont il déguisoit la signature, empruntant un autre nom pour mieux couvrir son détestable projet de faire mourir le roi et pour le mieux faire réussir ».

Cet accusé nia énergiquement le dessein qu'on lui imputait, ce qui n'empêcha pas qu'on le transférât à Vincennes.

Un sieur Durand, conseiller et secrétaire du roi, ci-devant commis général à la caisse des emprunts, fut mis à la Bastille pour avoir malversé, ainsi que le sieur Destoré, écuyer, sieur des Réaux, ingénieur du roi, qui s'était approprié une partie des fonds destinés aux travaux du port de Dieppe; le sieur Joseph de Sainte-Gorge, commissaire ordonnateur de la marine, et son complice Nicolas Bénigne du Guay, président de la chambre des comptes de Bourgogne, aussi pour malversation.

On voit que les fonctionnaires d'alors n'étaient pas tous d'une honnêteté scrupuleuse.

Signalons encore, parmi les gens arrêtés, Charles Combon, écuyer, dit le comte de Longueval « tireur d'horoscopes, se mêlant de deviner, donnant des drogues aux femmes et aux filles pour les faire avorter. »

La clientèle ne manquait sans doute pas aux gens qui faisaient ce métier, car en feuilletant les registres, on trouve souvent cette accusation répétée.

Il arrivait aussi parfois que nul ne savait pourquoi le prisonnier était sous les verrous. Ainsi nous voyons — toujours en 1684 — cette note mystérieuse sur le livre : « le nommé Delasse, remis à un officier de la prévôté de l'hôtel, pour le conduire à la Cour. — Lettre de M. de la Reynie pour qu'on ne parle à personne du prisonnier amené le matin à la Bastille et que personne n'ait connoissance de son nom. — Lettre du chancelier Le Tellier pour faire garder à vue l'homme que M. de la Reynie a envoyé à la Bastille et dont il lui mandera le nom. »

De quoi cet homme était-il accusé? on l'ignore.

En 1686, le nombre des prisonniers écroués s'éleva encore, car il atteignit le chiffre de 147, et aux observations accolées au nom de chacun d'eux on trouve presque toujours la mention : « pour la religion. »

En 1687, il n'y en a que 34, « pour la religion et pour propos contre le Roi et l'État, » l'année suivante 35 pour les mêmes causes.

Pendant l'année 1689, entrèrent à la Bastille : « Joachim Girard, ci-devant valet de chambre et maître d'hôtel du maréchal d'Aumont, accusé de s'être livré à la recherche de trésors; Poupaillard, mauvais catholique; Lacour, homme de difficile garde; le duc de la Force pour la religion, et de Villeroi, aide-major du régiment de Tessé-Infanterie, sans motif connu. »

En 1690, ce furent : le sieur Cardel « pour la religion qui a servi de motif que voici : pour des raisons très importantes qui regardoient la sûreté de la personne du roi, mort subitement le 13 juin 1715 »; le nommé Saint-Vigor, travesti en hermite, mauvais sujet; Jean Bloudeau, hermite, « tenu pour suspect »; le sieur Braconneau, pour la religion, mort le 2 mars 1691, d'un coup de couteau qu'il s'était donné le 18 février précédent.

Parmi les notes relatives aux 30 prisonniers de 1691, on trouve celle-ci : «Pierre Jean Mère, professant la médecine à Paris, pour mauvais remèdes qu'il distribue, transféré à Charenton après TRENTE années de séjour à la Bastille.

Trente années de Bastille! pour avoir distribué de mauvais remèdes! N'est-ce pas lamentable?

En 1692, on voit figurer 30 noms nouveaux dont celui de Jonas de Lamas, boulanger de son métier « qui vomit des imprécations contre le roi. Jeté à la Bastille il y demeura vingt années, après quoi on l'en tira pour l'envoyer jusqu'à la fin de ses jours à Bicêtre.

En 1693, 17 personnes seulement allèrent à la Bastille pour libelles et affaires des jésuites; en 1694, il y en eut 36, principalement pour abus et malversations dans les fortifications de Mons.

En 1695, 7 prisonniers seulement; en 1696, 15, dont la majorité pour soupçons d'intelligence avec les ennemis de l'État. L'un deux Isaac Armet de La Motte, gentilhomme bourguignon, fut transféré à Charenton, après être resté à la Bastille 34 ans, 5 mois et 10 jours.

En 1697, on écroua 10 prisonniers pour libelles et faits de religion.

Le jeudi 18 septembre 1698, à trois heures après-midi, M. de Saint-Mars, gouverneur de la Bastille, arriva des îles Sainte-Marguerite et Honorat « amenant avec lui dans sa litière un ancien prisonnier qu'il avait à Pignerol, dont le nom ne se dit pas, lequel on faisoit toujours tenir masqué, et qui fut d'abord mis dans la tour de la Bazinière, en attendant la nuit.

« Je le conduisis moi-même, lit-on sur un registre trouvé à la Bastille, sur les neuf heures du soir, dans la troisième chambre de la tour de la Berthaudière, laquelle chambre j'avois eu soin de faire meubler de toutes choses avant son arrivée, en ayant reçu l'ordre de M. de Saint-Mars. En le conduisant à ladite chambre, j'étois accompagné du sieur Rosarges que M. de Saint-Mars avoit amené avec lui, lequel étoit chargé de servir et de soigner le dit prisonnier qui étoit nourri par le gouvernement. »

C'était l'homme qu'on désigna depuis sous le nom d'homme au masque de fer.

S'il est un problème en possession, depuis plus d'un siècle, de surexciter la curiosité publique, c'est assurément celui-là; nombre de chercheurs et d'érudits ont fouillé vainement les documents les plus secrets de cette époque, dans l'espoir d'établir l'individualité de ce fameux homme au masque de fer, mais il faut bien reconnaître que, malgré la vraie solution, que tous ont prétendu donner, on ne sait encore rien de positif, et qu'il faut s'en tenir à des suppositions.

Nous ne nous appesantirons pas sur le plus ou moins de vraisemblance qu'offrent chacune des versions, tour à tour acceptées et abandonnées. Rappelons seulement qu'on a cru voir dans ce mystérieux personnage le comte de Vermandois, fils de Louis XIV et de Mlle de la Vallière, puis le duc de Beaufort, un frère de Louis XIV, Foucquet, Monmouth, Avedick, Louis de Ollendorff, Matthioli, etc.

Sans donc nous arrêter au nom problématique du personnage, citons ce qu'on sait de lui par la relation qu'en donne M. de Palteau, petit neveu de Saint-Mars : « Le sieur Blainvilliers, officier d'infanterie, qui avoit accès auprès de M. de Saint-Mars, m'a dit plusieurs fois que le sort du masque de fer ayant beaucoup excité sa curiosité, pour la satisfaire, il avoit pris l'habit et les armes d'un soldat qui devoit être en sentinelle dans une galerie sous les fenêtres de la chambre qu'occupoit ce prisonnier; que de là, il l'avoit très bien vu; qu'il n'avoit point son masque, qu'il étoit blanc de visage, grand et bien fait de corps; ayant la jambe un peu trop fournie par le bas, et les cheveux blancs, bien qu'il ne fût que dans la force de l'âge. Il avoit passé cette nuit-là presqu'entière à se promener dans sa chambre. Blainvilliers ajoutoit qu'il étoit toujours vêtu de brun; qu'on lui donnoit de beau linge et des livres; que le gouverneur et les officiers restoient devant lui debout et découverts, jusqu'à ce qu'il les fît couvrir et asseoir, qu'ils alloient souvent lui tenir compagnie et manger avec lui. »

Ajoutons que le fameux masque de fer était tout simplement un masque de velours noir.

Les officiers allaient souvent tenir compagnie et manger avec le masque de velours, dit le masque de fer.
Gravure extraite de *Paris à travers les siècles*.

Voici l'acte de décès qui fut dressé lorsqu'il mourut, en 1703.

« L'an 1703, le 19 novembre, Marchialy, asgé de quarante-cinq ans ou environ, est décédé dans la Bastille, duquel le corps a été inhumé dans la paroisse de Saint-Paul, sa paroisse, le 20 du dit mois, en présence de M. Rosarges, major de la Bastille, et de M. Reilh, chirurgien de la Bastille. »

Le journal de du Junca, dont l'original est à la bibliothèque de l'Arsenal, établit l'identité du prétendu Marchialy avec le prisonnier inconnu. Il renferme cette mention :

« Le lundi 17 novembre 1703, le prisonnier inconnu, toujours masqué d'un masque de velours noir, que M. de Saint-Mars, gouverneur, a amené avec lui en venant des îles Sainte-Marguerite, et qu'il gardoit depuis longtemps, s'étant trouvé la veille dimanche un peu mal en sortant de la messe, est mort sur les dix heures du soir, sans avoir eu une grande maladie. M. Giraut, aumônier, le confessa et, surpris par la mort, il ne reçut point les sacrements ; l'aumônier l'exhorta un moment avant de mou-

rir. Ce prisonnier inconnu, gardé depuis si longtemps, a été enterré le mardi à quatre heures de l'après-midi : sur le registre mortuaire, on a donné un nom inconnu. »

En continuant à compulser les registres d'écrou de la Bastille, nous y voyons entre trois prisonniers en 1700, détenus pour avoir fabriqué de faux titres de noblesse. C'étaient : le sieur Le Bar âgé de 76 ans, il y resta 14 ans et y mourut à 90 ; le sieur Chassebras de Carmail mort peu de temps après son incarcération et un troisième sans nom.

En 1701, 10 prisonniers accusés d'avoir fait sortir des protestants du royaume.

En 1702, y sont incarcérés Jean Galembert, gendarme de la garde, suspect d'intelligence avec les ennemis de l'État ; Constantin de Renneville, auteur de l'*Inquisition française de la Bastille* ; La Perche, maître d'armes, accusé « d'avoir dit que le roi ne songeait qu'à sucer ses peuples, qu'à courtiser sa vieille, et qu'il serait bientôt le roi des gueux, que les officiers mouraient de faim, que Sa Majesté avait ruiné son royaume en chassant les huguenots, et qu'elle se... moquait du peuple »; le père Fleurand de Brandebourg capucin et espion, homme suspect, dangereux et vagabond, en relations avec la reine douairière d'Espagne et tous les grands de ce royaume; le prince de la Riccia, chef de la conspiration de Naples contre Philippe V.

En 1703, le chevalier du Rosset pour avoir voulu passer dans les Cévennes avec les révoltés. Il fut transféré à Charenton en 1714; le sieur Le Coq, espion, et son valet; dom Jean Tirou bénédictin suspect, auteur de libelles contre le roi, l'État, la religion et les jésuites; Germain Veillart janséniste outré; on lui fit subir 89 interrogatoires; il fut rendu à la liberté et mourut quelques jours après; Nicolas Buisson, pour lettres insolentes contre le financier Samuel Bernard; le marquis d'Aremberg; Duplessis; Flamand; de Soulange ancien capitaine, fripon et espion.

On a vu comment sous Louis XI Antoine de Chabannes, comte de Dampmartin, était parvenu à s'évader de la Bastille, une seconde évasion eut lieu en 1709, celle de l'abbé de Bucquoy.

Cet abbé, ou plutôt Jean Albert d'Archambaud, comte de Bucquoy, qui s'était fait abbé, puis avait repris l'habit militaire, mais qu'on continua à appeler l'abbé de Bucquoy, s'étant avisé se trouvant en compagnie de gens faisant la contrebande en sel, de dire du mal du gouvernement fut arrêté et mis à la prison de Sens d'où il s'évada; il fut repris et amené à Paris avec une escorte de douze archers qui le conduisirent au For-l'Évêque; il s'échappa encore, fut de nouveau arrêté à La Fère et enfermé dans la prison de Soissons; il réussit à s'évader encore une fois.

Désespérant de pouvoir garder ce prisonnier, qui prenait partout la clé des champs, on parvint cependant à le rattraper mais pour qu'il ne s'envolât plus on le mit à la Bastille, dont, à l'exception de Dampmartin il n'y avait pas d'exemple d'un prisonnier s'en échappant.

Or, parmi les compagnons de l'abbé de Bucquoy se trouvaient un gentilhomme allemand, appelé le baron de Peken qui était détenu pour avoir dit que le roi ne voyait qu'à travers les lunettes de Mme de Maintenon, et un homme qui passa sa vie à la Bastille pour avoir commis un distique ironique contre Sa Majesté Louis quatorzième du nom.

Ces deux personnes, qui d'ailleurs jouissaient à la Bastille d'une liberté relative, étaient les compagnons ordinaires de l'abbé de Bucquoy, qui jouait volontiers avec eux et leur payait à boire. Mais l'abbé n'en regret-

tait pas moins sa liberté et il se mit en tête de la reprendre quand même.

A plusieurs reprises il tenta de se sauver mais il ne put y parvenir.

« Enfin, de concert avec ses compagnons de chambre, raconte M. P. Lacroix, il fabriqua une longue corde faite de lambeaux de draps, de serviettes et de toiles à matelas; puis il inventa différentes machines qui devaient lui servir à fixer au mur une échelle de corde. Il s'était procuré une lime au moyen de laquelle il scia les barreaux de fer qui garnissaient la fenêtre et il se laissa glisser le long de sa corde à nœuds, qu'il avait eu le soin de noircir en la barbouillant de suie et de graisse fondue; un grand drap de lit qui pendait au dehors et qu'il entraînait avec lui en descendant, formait comme un nuage destiné à empêcher de voir, du dedans, son passage rapide devant les fenêtres des prisons. Il attendit deux heures, dans le fossé, que ses compagnons vinssent le rejoindre par le même procédé de descente aérienne, en lui apportant ses machines. Quand ils furent réunis dans le fossé, il eût fallu tuer ou enlever une sentinelle qui se promenait sur la contrescarpe du fossé; aucun des fugitifs n'en eut le courage, et chacun d'eux s'en remit à sa bonne étoile. L'abbé de Bucquoy fut le seul qui parvint à s'évader pendant que la sentinelle criait aux armes! et tirait un coup de fusil sur les gens qu'elle avait aperçus dans le fossé. L'abbé avait fixé son échelle, en l'accrochant au mur du chemin de ronde, pour escalader la contrescarpe; il atteignit de là une gouttière et sauta dans la rue Saint-Antoine. »

Ajoutons qu'il parvint sous un déguisement à gagner la Suisse. Son évasion passa pour une aventure extraordinaire et fit grand bruit à Paris, où elle trouva nombre d'incrédules.

L'établissement d'une chambre de justice, qui eut lieu le 13 mars 1716 procura de nombreux hôtes à la Bastille, et l'affaire, des princes légitimés, qui fit tant de bruit à cette époque y envoya MM. de Châtillon, de Vieux-Pont, de Beauffremont.

Puis Vincent Leblanc, agent de change, pour négociations usuraires dans les billets-monnaie (il avait déjà fait connaissance avec la Bastille en 1710 et 1711; Laurent d'Houry, imprimeur, pour avoir manqué de respect au roi Georges, en ne le désignant pas comme roi de la Grande-Bretagne.

Les erreurs se payaient cher à époque!

Continuons la nomenclature: le duc de Richelieu et Matignon, pour leur duel (Richelieu y était déjà venu en 1711); Durpoint, accusé d'avoir fait embarquer des ouvriers des Gobelins pour le Portugal. Charles Le Lorrain, dit de Preuil Soulanges, délateur ; Courtin de Janqueux, ex-officier. Joseph Gory, intrigant se faisant appeler Gory de Montgommery et ayant épousé Mlle de Boulainvilliers ; c'était le fils naturel d'un paysan. De Creil, lieutenant aux gardes-françaises ; La Baume de Montron, commissaire d'artillerie, pour avoir donné de faux avis au duc d'Orléans sur la cour d'Espagne ; Philippe Marinier dite la Bourgneuf, pour faux. François Barrois, libraire, pour avoir imprimé et vendu des livres défendus ; Nicolas Ferrari, on ne sait pourquoi. Jean Lefèvre pour avoir tenu des propos insolents contre le régent et avoir dit qu'il ne le manquerait pas d'un coup de pistolet et que s'il ne changeait de note, son affaire n'irait pas loin.

La chambre de l'arsenal, créée en 1723 fournit aussi un certain nombre de prisonniers.

Ce furent La Jonchère, trésorier de l'extraordinaire des guerres, M. de Talhouet et autres, tous accusés de malversations.

Mais c'était surtout les querelles entre les jansénistes et les molinistes qui fournissaient un gros contingent de prisonniers et, en consultant les registres d'écrou, on voit nombre de gens emprisonnés à ce sujet ; ainsi, en 1728, c'est un certain abbé Blondel, dit frère Laurent, écrivain janséniste, aux gages du libraire Desprez, pour composer des écrits jansénistes ; la dame Jourdain ou Théodon, qui distribuait ces sortes d'ouvrages ; le nommé Valder, soupçonné d'en imprimer — il est vrai qu'il fut relâché le lendemain ; Pierre Vaillant prêtre, un fougueux janséniste : relâché une première fois, il fut arrêté de nouveau et, de la Bastille, transféré au fort de Vincennes où il mourut ; Thibaut fils, imprimeur, place Cambrai ; l'abbé Gaillard, l'abbé Samson, l'abbé Roches de Troya, le Père François Louvard, religieux bénédictin, tous accusés d'écrire ou de colporter des brochures séditieuses ; Claude Laurrin, courrier, arrêté à l'une des barrières de Paris, chargé de libelles imprimés contre la Constitution ; Antoine Patron, janséniste et convulsionnaire, Michel Aubert, gagne-denier ; « crocheteur de la Constitution » ; etc. On en compta 27, en 1728 et 24 depuis le 24 avril 1730 jusqu'à la fin de l'année.

En 1749, les affaires religieuses prenaient un caractère aigu et amenaient chaque jour des conflits. L'archevêque de Paris, Christophe de Beaumont, déployait des rigueurs excessives contre les jansénistes : les convulsionnaires, qui s'agitaient toujours dans l'ombre, étaient traqués, et de tous côtés surgissaient des livres hostiles à la religion, ce

qui fit exercer des poursuites rigoureuses contre des gens de lettres et des imprimeurs qui furent envoyés à la Bastille, dont le nombre des prisonniers augmentait sensiblement. On y voit successivement écrouer l'abbé Duffars et le chanoine Planchon pour manœuvres jansénistes ; Catherine Quérot, pour avoir broché des ouvrages jansénistes ; Denis Forêt, Maraine, Trugy, Cornart et Longueil, auteurs, graveurs et distributeurs de l'*Almanach du Diable* ; Élisabeth Michel, prédicante extravagante ; François Rozay, pour conduite de ballots prohibés ; l'abbé de la Porte, trouvé dans une imprimerie clandestine ; Alexandre Fleury, commis de la police au bureau de lettres de cachet, convulsionnaire ; l'abbé Brunet, directeur de convulsionnaires ; Françoise Aubillard, tenant assemblées de convulsionnaires ; Guy, bonnetier, « favorisant le parti janséniste par son argent et ses allées et venues » ; de la Borgne, prêtre « élevant la jeunesse aux convulsions » ; l'abbé de la Roquette, fameux janséniste ; l'abbé Lenglet Dufresnoi, impression d'ouvrages contre les ordres du chancelier ; Marie Durrié, dite Noël, chef de convulsionnaires ; J. A. Housset, prêtre janséniste ; Fraisset, dit l'abbé de Lor, janséniste (il se pendit à la Bastille) ; Jacques Doublet, compagnon serrurier, « impie digne du feu » ; l'Amoureux, prêtre, « partisan des convulsions et faisant imprimer pour le parti ; » l'abbé Morlet, soupçonné de travailler aux *Nouvelles ecclésiastiques ;* Charlotte Barachia. veuve Gilbert, dite sœur Larue, « pour avoir fait la direction de conscience, comme un confesseur, à l'égard de plusieurs femmes et religieuses jansénistes, convulsionnaires : la petite Saint-Père, âgée de sept à huit ans, convulsionnaire (sa détention dura près d'un an) ; Hébesme, impression d'ouvrage sur les affaires religieuses, etc., etc.

Il entra encore à la Bastille, en 1749, un prêtre appelé l'abbé Fleurs, mais celui-ci y fut envoyé pour avoir fabriqué de faux billets de la loterie royale ; il fut pendu en place de Grève par arrêt et jugement de la chambre royale de l'Arsenal.

Les registres de la Bastille mentionnent l'emprisonnement de plusieurs personnes incarcérées pour participation aux convulsions, tels que : Joseph-Marie Chapelle, dit le frère Jacob, ancien directeur des fermes de Bretagne ; il est signalé comme « le poëte » de la bande qu'il fréquentait ; parce qu'il composait les cantiques qui se chantaient dans les assemblées se tenant à l'Estrapade, chez un sieur Froissard de Préauval, ancien mousquetaire et détenu à Saint-Lazare depuis 1758.

Le Guay, garçon doreur, qui resta trente années à la Bastille ; après un certain laps de temps passé dans cette prison, on lui avait offert sa liberté, mais il refusa, se fondant sur ce qu'à la Bastille il se trouvait à l'abri du besoin tandis que, libre, sans ressources aucunes, sans amis, sans famille, il lui faudrait mendier pour vivre ; il y mourut en 1786.

Au reste, nombre de gens envoyés à la Bastille sans jugement, y demeuraient souvent de longues années, sans même qu'on sût pourquoi ils y étaient. On voit figurer souvent sur les registres la mention : sans motif connu ; mais les affaires de religion, et celles de l'État fournissaient généralement la majeure partie des raisons invoquées pour l'arrestation ; nous voyons en 1759, l'abbé Jubeau accusé de complot contre le roi et Mme de Pompadour ; il fut relâché parce qu'on s'aperçut qu'au lieu d'être mêlé à ce complot, il en avait eu connaissance et avait averti la police.

— Le sieur de Bergeron, dit le chevalier d'Escourville, pour avoir fait des vers contre Mme de Pompadour ; le soi-disant vicomte de Béré, auteur de mémoires sur les finances ; Rodolphe Elter de Sybourg, auteur d'un mémoire sur les finances ; Tavernier, prévenu de complot contre la vie du roi et qui resta 30 ans à la Bastille, dont 29 sans sortir de son cachot ; Victor de Goresse Decharda, pour fausses signatures ; Marmontel, « auteur d'une parodie injurieuse », et son domestique Gilles Bury. En 1760 : Philippe Seichepine, affaire contre M. de Saint-Cy, dite des économats ; L'abbé Rozé, auteur d'un mémoire relatif au clergé. Beauvisage Lavault, auteur de différents projets de finances « et d'intrigues pour les faire réussir » ; Touche, pour lettres anonymes contre Mme de Pompadour ; Vincent Bourdigue, Anglais, soupçonné d'espionnage (il écrivit sur le registre : je ne suis pas anglais et reconnais la France pour ma patrie, et signa) ; Constant, âgé de 111 ans, sans motif connu ; De la Caussade, ci-devant inspecteur des études de l'École militaire, pour libelle ; Merlier, maître apothicaire à Paris, propos séditieux contre le roi et Mme de Pompadour. ; Pierre de Sauges, imprimeur, contre la religion ; Denis l'Entaigne, contrebandier sur les cartes ; le baron d'Edelsheim, suspecté d'espionnage ; Magny, premier commis des domaines, auteur d'une histoire contre Mme de Pompadour ; Danjan, architecte de la ville et son laquais pour relations suspectes.

Mais voilà assez de noms cités parmi les prisonniers de la Bastile à diverses époques, pour montrer au lecteur que, comme nous l'avons dit au début de cette étude, personne parmi les plus obscurs, comme parmi les plus grands personnages du royaume, n'était à l'abri d'une détention plus ou moins longue et plus ou moins justifiée à la Bastille.

Racontons maintenant les détails d'une évasion qui fut un grand événement dans les annales de cette prison d'État, celle de Latude.

Jean-Henri Masers de Latude né en 1725, avait eu la folle idée de simuler un soi-disant complot contre les jours de Mme de Pompadour, afin d'avoir l'occasion de la prévenir du danger qu'elle courait, croyant par là se rendre intéressant à ses yeux et obtenir sa protection ; malheureusement, on le devina, il fut arrêté, interrogé par le lieutenant général de police Berryer et, forcé d'avouer, il fut jeté dans un des cachots de la Bastille, soumis à la plus rigoureuse incarcération, à la plus minutieuse surveillance, ne pouvant recevoir aucune nouvelle de sa famille ni lui faire parvenir des siennes ; transféré quelques mois plus tard au donjon de Vincennes, il parvint le 25 juin 1750 à s'échapper, et persuadé que Mme de Pompadour lui pardonnerait ce qui n'avait été, après tout, qu'une étourderie de jeunesse, il n'hésita pas à lui écrire, pour lui raconter son évasion et lui indiquer son asile.

La favorite se contenta de remettre la lettre au lieutenant de police qui s'empressa de faire arrêter de nouveau Latude et de le réintégrer à la Bastille, où il fut gardé à vue plus étroitement que jamais.

Un jour cependant, le gouverneur fut touché de compassion pour ce pauvre jeune homme et voulut adoucir sa captivité en lui donnant un compagnon ; c'était aussi un jeune homme qui avait déplu à Mme de Pompadour et qui se nommait d'Aligre. La conformité de leur destinée unit bientôt les deux prisonniers et ils osèrent rêver le projet de s'évader ensemble ; ils se mirent à l'œuvre avec une intelligence et une persévérance sans pareilles. Ils travaillèrent pendant deux années dans ce but. Après s'être fabriqué une scie et un couteau, ils taillèrent des bûches qu'ils avaient eu le soin de mettre en réserve, et confectionnèrent une échelle ; leur linge de corps, avec ce qu'ils purent distraire de leurs draps et couvertures furent convertis en une corde à nœuds de plus de 100 mètres de longueur.

Ils parvinrent en outre, sans éveiller l'attention des gardiens, à fabriquer des leviers.

Le 25 février 1756, tous les préparatifs étant terminés, ils tentèrent l'évasion dans la nuit.

La place de la Bastille actuelle, avec le plan figuré de ses anciennes fortifications et de sa forteresse en 1789, d'après le plan mosaïque exécuté sur le sol pour la fête nationale du 14 Juillet 1880.

Ils avaient scié les barreaux de fer qui garnissaient l'intérieur de la cheminée et montèrent à la façon des ramoneurs jusqu'au faîte de la tour. Une fois là, ils assujettirent leur corde et se mirent en devoir de redescendre à l'extérieur; il y avait environ 120 mètres de hauteur entre le faîte de la tour et le fossé que la fonte des neiges et les glaces avaient empli; la nuit était noire et par cela même favorable à l'exécution de leur projet, mais le froid était des plus vifs et une bise âpre les secouait cruellement le long des murailles; leurs mains se déchiraient en glissant sur la corde.

Rien n'y fit: soutenus par leur ardent désir de liberté, ils descendirent et tombèrent exténués et brisés de fatigue dans le fossé de la tour, avec un paquet de vêtements de rechange dont ils s'étaient munis. Grâce à leur échelle de bois ils purent gravir le parapet et se trouvèrent dans le jardin du gouverneur. Mais là, il leur fallait encore franchir un mur énorme; ils parvinrent à l'aide de leurs outils à y percer un trou assez grand pour leur donner passage, sans s'occuper ni des rondes, ni des sentinelles, et furent assez heureux pour n'être vus ni entendus par personne.

On a peine à croire qu'un pareil travail eût été exécuté en si peu de temps. Comme cinq heures sonnaient, ils passaient au travers du mur; déjà le petit jour pointait; quelques instants plus tard, la cloche d'alarme avertissait les sentinelles de leur fuite.

Ils avaient eu le temps de se jeter dans une des ruelles voisines du donjon.

Ils s'éloignèrent en toute hâte du lieu maudit et passèrent la frontière; malheureusement d'Aligre fut arrêté à Bruxelles, ramené à Paris, et fou de chagrin, il fut mis à Charenton où il mourut dans une cage de fer.

Cinq mois après sa fuite, Latude était à son tour appréhendé au corps à Amsterdam, au moment où il allait s'embarquer pour les Indes, et on le ramena à la Bastille.

Cette fois, il fut mis pour plus de sûreté dans un cachot dont le soupirail donnait sur les fossés du donjon, et par lequel il ne lui arrivait qu'un air empesté; alors toute sa force de caractère l'abandonna; il ne pouvait conserver aucun espoir de quitter ce sépulcre et s'y résigna.

Pour toute distraction, le malheureux apprivoisait des rats, et, s'étant confectionné un petit flageolet bien primitif, avec une branche de sureau, il leur jouait des airs auxquels, paraît-il, ces animaux n'étaient pas insensibles. La captivité rend patient et ingénieux; Latude parvint à se fabriquer des tablettes avec de la mie pain, puis se servant de son sang pour encre, il put écrire ses réflexions, les plans de réformes financières, les projets d'utilité publique qui roulaient dans sa tête.

Le P. Griffet, aumônier de la Bastille, eut pitié de Latude; il lui fit donner un cachot moins affreux, et lui procura de l'encre et du papier. C'était une grande consolation pour le pauvre prisonnier qui passa tous ses jours à écrire des mémoires que le P. Griffet se chargeait de faire parvenir au ministre, mais hélas, tous restaient sans réponse.

Latude, croyant toujours à la clémence et à la générosité de Mme de Pompadour, parvint même un jour à lui faire parvenir ce billet: « Le 25 de ce mois de septembre 1760, il y aura 100,000 heures que je souffre! » Hélas! ce billet ne lui apporta pas la liberté qu'il espérait.

Tout ce qu'il obtint fut de pouvoir se promener sur la terrasse de la tour; il trouva moyen d'intéresser à son misérable sort deux petites blanchisseuses dont la mansarde donnait près des murs de la Bastille, et celles-ci, un beau jour d'avril 1764, lui firent voir une grande pancarte sur laquelle elles avaient tracé en grosses lettres: « Mme de Pompadour est morte. »

Encore une fois l'espoir descendit au cœur du prisonnier; vite, il écrivit au lieutenant de police, mais le gouverneur lui demanda comment il avait appris la mort de Mme de Pompadour alors que tous les prisonniers l'ignoraient, et comme Latude refusa de répondre, dans la crainte de compromettre celles qui l'avaient renseigné, il se vit remettre au cachot.

Néanmoins, peu de temps après, il fut transféré à Vincennes.

On lui avait accordé la permission de se promener dans le jardin; il en profita pour s'évader de nouveau; mais, ce qu'on a peine à croire, c'est que malgré l'expérience du passé, il eut encore la naïveté d'écrire au lieutenant de police pour lui demander une audience.

Celui-ci répondit en le faisant arrêter et ramener à Vincennes, où il fut soumis à un régime de rigueur.

Dix années se passèrent.

Le ministre Malesherbes visitant les prisons d'État vit Latude, entendit ses doléances et promit de s'intéresser à lui, mais le lieutenant de police l'ayant signalé comme un fou dangereux, il fut transféré à Charenton.

Cependant, un ordre de liberté fut signé en sa faveur en 1777; il était en route pour Montagnac lorsque cet ordre fut révoqué; il fut repris et mené cette fois à Bicêtre où il resta jusqu'en 1784, époque à laquelle il fut définitivement rendu à la liberté après avoir passé trente-cinq ans en prison.

Il eut la satisfaction de retrouver dans le dépôt des archives de la Bastille les échelles de bois et de corde, ainsi que tous les instruments qui avaient servi à sa miraculeuse évasion.

En 1768, fut incarcéré à la Bastille l'homme à qui l'on doit la découverte du pacte de famine. Le Prévost de Beaumont, secrétaire du clergé de France, qui signala l'existence de ce pacte au parlement de Rouen. Il expia chèrement la révélation de ce mystérieux document. Il fut arrêté le 17 novembre, et sa captivité dura vingt et un ans et deux mois, soit à la Bastille, à Vincennes, à Charenton, à Bicêtre où il fut successivement transféré.

Un des derniers prisonniers importants de la Bastille fut l'avocat Linguet qui rédigeait les *Annales politiques civiles et littéraires du XVIII* siècle, et qui avait joué un rôle considérable dans l'affaire des parlements; il fut mis à la Bastille le 27 septembre 1780 et il en sortit le 19 mai 1782; il passa ce temps à écrire ses impressions sur la forteresse qu'il habitait malgré lui, et il en composa des *Mémoires sur la Bastille*, qu'il fit imprimer à Londres en 1783 et qui, introduits à Paris, y furent lus avec une extrême avidité; ils agirent puissamment sur l'imagination populaire. Linguet dévoilant dans son livre avec minutie, toutes les ruses qu'il inventa pour se soustraire aux tentatives imaginaires d'empoisonnement dirigées, prétendait-il, contre lui.

On connaît cette anecdote : Le second jour de sa détention, Linguet voit entrer dans sa chambre un homme pâle, grand et fluet qui s'incline devant lui.

— Pourquoi me dérangez-vous? dit Linguet, qui écrivait.

— Monsieur je suis le barbier de la Bastille, répondit l'homme.

— Ah! c'est différent! puisque vous êtes le barbier de la Bastille, *rasez-la* et laissez-moi tranquille.

Et il se remit à écrire.

Ce ne fut pas le barbier qui fit cette opération, mais le peuple de Paris qui s'en chargea quelques années plus tard.

IV
LA PRISE DE LA BASTILLE

C'était le 14 juillet 1789.

La nuit avait été assez calme, et sauf trente-quatre vagabonds, qui avaient volé et causé des dégâts la veille à la maison des Lazaristes et que la garde bourgeoise avait arrêtés et emprisonnés, les Parisiens avaient pu dormir tranquilles.

Cependant dès le matin, le bruit se répandit qu'un convoi de poudre et de plomb venait d'être enlevé par les soldats campés aux environs de Paris, que le prévôt des marchands continuait à tromper le peuple, que la veille encore, il avait annoncé l'arrivée d'un envoi d'armes de la manufacture de Charleville et que les caissons qui avaient traversé Paris n'étaient remplis que de chiffons.

Un vent d'émeute et de colère soufflait par la ville.

Cent mille hommes étaient tout prêts à se soulever, mais ils manquaient d'armes; malgré le camp établi au Champs de Mars, on se précipita à l'hôtel des Invalides, défendu par M. de Sombreuil, et avant 9 heures du matin, trente mille hommes étaient sur l'esplanade. En tête était le procureur de la ville, Ethis de Corny, que le comité des électeurs n'avait pas osé refuser.

Cette foule parlementa un moment avec le gouverneur des Invalides, mais sans résultat; les choses menaçaient de traîner en longueur; les plus impatients sautèrent dans le fossé, désarmèrent les sentinelles et envahirent l'hôtel.

On y trouva 28,000 fusils et 20 pièces de canon.

Quand le peuple eut les armes, il ne fut pas long à vouloir s'en servir; une voix cria : à la Bastille! et toutes le répétèrent.

Prison, forteresse, tombeau, la Bastille avait son histoire mystérieuse et lugubre, que tous connaissaient et chacun pour qu'on eût l'ardent désir de la jeter à bas; mais un autre sentiment poussait ceux qui avaient pris la direction du mouvement révolutionnaire à s'en emparer, la vieille forteresse écrasait la rue Saint-Antoine et le faubourg, et elle dominait si bien Paris qu'elle était pour ainsi dire la clé de la capitale; il était donc de toute nécessité qu'on commençât par s'en rendre maîtres.

On sait que les gardes-françaises avaient déposé les armes déclarant « qu'ils les avaient prises pour défendre la patrie et non pour l'opprimer ».

En conséquence, c'étaient eux qui ensei-

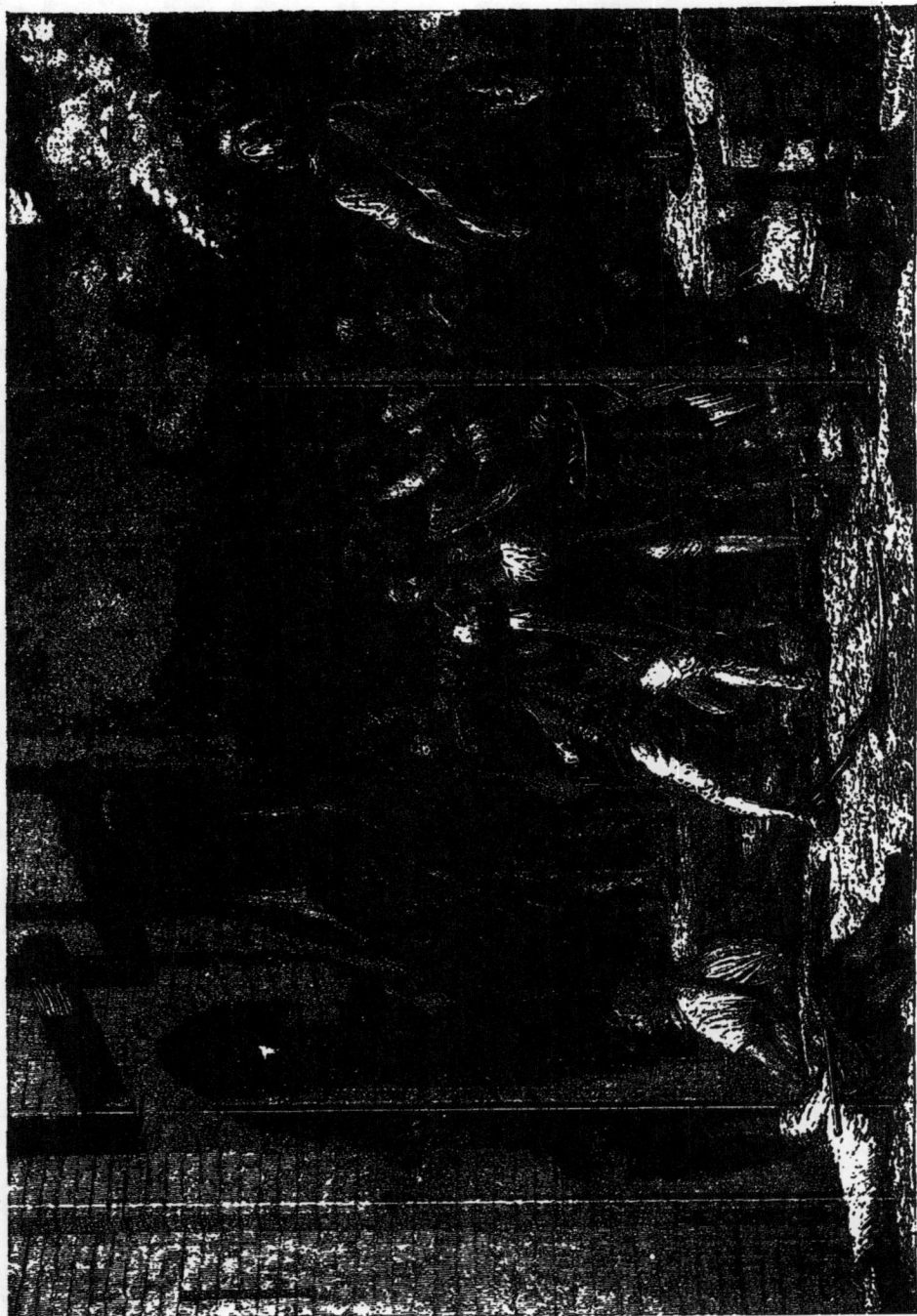

Prise de la Bastille, 1789, délivrance des prisonniers.

gnaient à la nouvelle milice bourgeoise à se servir des fusils et des autres armes dont elle ignorait le maniement.

Pendant ce temps, le gouverneur de la Bastille n'était pas resté inactif; il avait reçu l'ordre de se défendre et de surveiller les rassemblements qui auraient l'air de menacer le Château.

Il avait, en conséquence, mis la forteresse en état de défense.

Les tours étaient garnies de 15 pièces de canon dont 11 de 8 livres et 4 de 4 livres de balles; ces pièces étaient montées sur des affûts et châssis marins et ne pouvaient avoir d'autre destination que celle de servir aux réjouissances publiques. Après une première décharge, les artilleurs ne pouvaient en faire une seconde sans être exposés au feu de la mousqueterie ennemie. Pour l'éviter, il aurait fallu recourir au moyen long et pénible des leviers pour reculer la pièce.

Aussi, on avait placé dans la grande cour, en face de la porte d'entrée, trois autres pièces d'artillerie de campagne de 4 livres; ces pièces avaient été amenées de l'arsenal quelque temps auparavant; elles étaient chargées à mitraille.

M. de Launey avait de plus fait tirer du magasin d'armes et entrer dans le château douze fusils de rempart, qu'on appelait alors les amusettes du comte de Saxe; ils portaient chacun une livre et demie de balles.

Il les avait fait préparer tous, mais il n'y en eut qu'un dont on put se servir, celui que les Suisses placèrent à un trou qu'ils pratiquèrent exprès, par ordre de l'officier qui les commandait, à la porte du grand pont du Château.

La Bastille avait encore pour sa défense 400 coffres de boulets sabotés (c'est-à-dire portant avec eux leur cartouche), 15,000 cartouches, un certain nombre de boulets de calibre, 250 barils de poudre du poids de 125 livres chacun. Cette poudre avait été transportée, dans la nuit du 12 au 13, de l'arsenal à la Bastille par les Suisses de Salis-Samade. Elle fut d'abord déposée dans la cour et, le lendemain, on la mit en grande partie dans la tour de la liberté; le reste fut porté dans la sainte-barbe située sur la plate-forme.

Indépendamment de tous ces canons et de ces munitions de guerre, le gouverneur avait encore, le 10, fait porter sur les tours six voitures de pavés, de vieux fers, tuyaux de poêles, chenets, boulets qui n'étaient pas de calibre etc., trouvés dans les fossés et qu'il destina à défendre les approches du vieux pont, dans le cas où les munitions viendraient à manquer et où les assiégeants s'avance-

raient de façon que le canon ne pût plus les atteindre, ce qui devait arriver, puisque malgré les précautions que M. de Launey avait prises de faire tailler, pendant la nuit, les embrasures de canon d'environ un pied et demi, les deux pièces placées à ces embrasures ne pouvaient être braquées plus près que sur le pont de l'avancée. (Une seule de ces pièces qu'on nommait les Suédoises fut tirée.)

Quelques jours auparavant, on avait mis en état les ponts-levis, enlevé les garde-fous, afin qu'ils ne pussent servir à franchir le fossé lorsque les ponts seraient levés. (Ils avaient été transportés dans la cour du puits).

On avait aussi transféré dans la troisième tour (celle de la Comté), le sieur Tavernier, qui était dans la première (celle de la Bazinière), pour pratiquer des meurtrières dans la chambre qu'il occupait, et à l'aide desquelles on pût tirer sur le pont; cette espèce de barbacane était pratiquée dans l'une des anciennes fenêtres qui avaient été murées. On essaya d'y adapter un fusil de rempart, mais on ne put y parvenir, les ouvertures ne se trouvant pas assez larges pour son calibre.

Les provisions de bouche consistaient en deux sacs de farine et un peu de riz. Il y avait du bois, mais pas d'autre four qu'un four à pâtisserie, et d'autre eau que celle fournie par des conduits qui la prenaient dans un bassin extérieur, ce qu'on pouvait facilement intercepter.

Dès le matin du 14, après de vives sollicitations, quelques soldats, qui manquaient de tout dans l'intérieur du Château, obtinrent la permission de sortir pour aller chercher des provisions de bouche.

Deux d'entr'eux, dont un tambour, furent arrêtés par le peuple et conduits à l'hôtel de ville où on les interrogea, puis on les rendit à la liberté.

A propos de ces soldats, il faut reconnaître que, si le gouverneur avait pris certaines précautions de défense et réuni des armes et des munitions, il ne s'était guère inquiété de la garnison qui devait défendre le fort, car cette garnison se composait de 32 soldats du régiment de Salis-Samade, commandés par le lieutenant Louis de Flue et de 82 soldats invalides, dont deux canonniers de la compagnie de Monsigny.

Le tout formait donc environ 115 hommes! et on craignait une attaque!

M. de Lamartine a, dans les *Girondins*, signalé cette incurie:

« Le marquis de Launay, dit-il, avait comme un pressentiment de l'attaque qu'il devait subir; témoin de la prise et de l'incendie de la manufacture Reveillon, il avait compris la force et la puissance des émotions populaires, et avait en même temps deviné que, tôt ou tard, la Bastille devait fatalement subir le choc d'un de ces terribles mouvements. Aussi, plusieurs fois avait-il adressé à M. le maréchal de Broglie et ses lieutenants des demandes réitérées de renfort, auxquelles on ne fit droit qu'en envoyant un faible détachement de vingt-cinq soldats d'un régiment suisse, sous le commandement d'un officier nommé de Flue. L'on ne peut s'expliquer cette incurie du maréchal et de ses lieutenants, ils auraient dû savoir que, quand on a la Bastille, il faut, en temps de révolution, une armée pour la garder ».

Malgré qu'on connût ces détails, ce mot de Bastille avait tellement le privilège d'épouvanter, que le comité siégeant à l'hôtel de ville n'était pas rassuré sur l'issue de la journée.

Il se disait que la forteresse était si colossale, qu'une centaine d'hommes abrités derrière les meurtrières et les doubles et triples grilles qui l'entouraient pouvaient en toute sûreté faire un affreux carnage des assiégeants; que la Bastille serait en réalité imprenable par le peuple, qui n'avait ni le temps ni les moyens de faire un siège en règle, et que ses batteries pourraient aisément démolir le Marais, le quartier et le faubourg Saint-Antoine, et en conséquence, désireux d'empêcher que le sang coulât, il envoya une députation au gouverneur pour lui promettre qu'on ne l'attaquerait pas, s'il retirait ses canons et ne commençait pas les hostilités.

Cependant, la colonne armée, qui s'était détachée d'elle-même des masses compactes de l'hôtel de ville, grossie en route, dans la large rue Saint-Antoine, par tous les affluents des rues populeuses de ce quartier, arrivait lentement sous le canon de la forteresse, et bientôt deux cent mille hommes se trouvèrent aux environs de la Bastille.

A leur tête marchait une députation de la ville qui se composait de trois personnes. « C'était un officier de police nommé Bellon, un sergent des gardes-françaises nommé Chatou, et un sous-officier d'artillerie nommé Bellefond. Fiers de leur titre de parlementaire, ils traversèrent la foule, l'entraînèrent sur leurs pas et demandèrent, au nom de la ville, à conférer avec le gouverneur. La première grille s'ouvrit à leur voix, et ils purent pénétrer jusqu'au bord du fossé suivis d'une foule immense et tumultueuse qui s'était introduite par la grille ouverte. Le gouverneur, accompagné de ses officiers, parut sur l'autre bord du fossé; il déclara

qu'il n'accorderait l'entrée dans la place qu'aux délégués et consentit à livrer trois sous-officiers de la garnison en otage au peuple, qui craignait un piège pour les siens.

« Les délégués furent reçus à merveille par le marquis de Launey, qui les rassura sur ses intentions et les renvoya, satisfaits de sa condescendance et de ses assurances. Le peuple, à leur sortie, rendit au gouverneur ses trois otages, après les avoir enivrés de ses caresses et disposés à la désobéissance si on leur commandait le feu.

Tout présageait une trève ou une pacification entre les groupes rapprochés et témoins de cette entrevue, quand un nouveau parlementaire, animé d'une audace plus impérieuse, l'avocat au parlement Thuriot de la Rosière, se présenta devant le pont-levis, et obtint du marquis de Launey l'entrée de la place. Là il somma le gouverneur de retirer les canons, de désarmer la forteresse et de remettre la place à la garde civique.

— Je viens au nom de la nation et de la patrie dit-il, vous représenter, monsieur le gouverneur, que les canons braqués sur les tours, causent beaucoup d'inquiétudes dans Paris; je suis chargé de vous prier de les faire descendre et de rassurer ainsi la population.

— Ce que vous me demandez n'est pas en mon pouvoir, répondit M. de Launey; les pièces d'artillerie ont été de tout temps sur les tours, je ne pourrais les faire descendre qu'en vertu d'un ordre du roi.

Néanmoins le gouverneur, sur la demande de M. de Rozières, consentit à le laisser pénétrer dans l'intérieur de la forteresse où se trouvaient les soldats; l'envoyé de la ville les somma, toujours au nom de la nation et de la patrie, de changer la direction des canons braqués sur les tours et de se rendre.

Il fut interrompu par le bruit des tambours qui battaient aux champs, sur un signe de M. de Launey, afin de couvrir la voix de l'avocat, qui demanda alors à monter sur les tours. Le gouverneur l'accompagna pour lui prouver qu'il n'avait aucun mauvais dessein contre la ville; en redescendant, Thuriot voulut de nouveau parler aux troupes, mais M. de Launey ne le lui permit pas:

— Votre mission est terminée, monsieur, lui dit-il, allez donc faire savoir au comité des électeurs de Paris que les soldats du roi sont les amis du peuple et les défenseurs de la patrie; je vous jure qu'ils ne feront point usage de leurs armes, si on ne nous attaque pas. N'est-ce pas, Messieurs? ajouta-t-il, en se tournant vers les officiers.

— Oui, nous le jurons, répondirent ceux-ci.

Vue de la rue Saint-Antoine et de la colonne de Juillet actuelle, indiquant la position de l'ancienne prison de la Bastille, au fond.

A l'angle de la rue Saint-Antoine, 140, et de l'impasse Guéménée, 2, maison de l'éditeur F. Roy, bâtie sur l'emplacement de l'ancien palais des Tournelles, où est mort Henri II, blessé dans un tournoi par Montgomery.

Temple protestant, ancienne église du couvent des Filles Sainte-Marie de la Visitation. Au coin de la rue Saint-Antoine, 314, et de la rue du Petit-Musc, l'hôtel de Mayenne, occupé par l'école de [...] était une spécialité de beurre.

Gravure hors texte extraite de *Paris à travers les siècles*.

— Nous le jurons, répétèrent quelques soldats.

Alors Thuriot se retira en répétant qu'il rendait le gouverneur et les soldats responsables du sang versé.

Il était temps qu'il reparût, le peuple s'inquiétait de ne pas le voir revenir.

Soudain une nouvelle bande armée déboucha du faubourg Saint-Antoine, en s'écriant :

— Nous voulons la Bastille, en bas la troupe.

Quelques-uns s'introduisant par le petit toit d'un corps de garde parvinrent à sauter dans la première cour et brisèrent à coups de hache les chaînes du pont-levis.

A partir de ce moment la lutte s'engageait.

Tout à coup un coup de canon retentit; c'était alors que la foule traversait le pont-levis qui venait d'être abaissé et pénétrait dans la seconde cour.

La fusillade commença, les invalides tirèrent sur la foule qui se dispersa en criant :

— Trahison! Trahison!

Un groupe d'hommes s'efforçait de se faire jour à travers la place, portant sur un brancard le corps d'un soldat des gardes-françaises, atteint par un boulet, et dont le sang rougissait le pavé sous leurs pas. Lentement ils traversèrent le faubourg, demandant vengeance pour cette victime, et allèrent déposer le brancard sur le perron de l'Hôtel de ville.

A la vue de ce cadavre, la foule furieuse se précipita contre les murs de la forteresse.

L'attaque, ainsi commencée, continue furieuse et acharnée. Des soldats aux gardes-françaises, des déserteurs des régiments de l'armée de Paris, des vétérans, des invalides accourent, revêtent des lambeaux d'uniformes et dirigent la foule du droit de leur expérience. Un officier du régiment de la reine, Élie, s'est reconnu pour chef à ses insignes militaires et chacun obéit à sa voix. Malgré tout, les projectiles n'atteignaient que les murs, puisque, le combat terminé, on reconnut que la garnison n'avait perdu qu'un seul homme, nommé Fortuné, tué roide sur les tours et que trois ou quatre soldats invalides avaient été blessés légèrement.

Une deuxième députation des électeurs qui vient sommer de Launey de recevoir un détachement de la milice pour garder la place, de concert avec la garnison, ne peut pénétrer jusqu'à lui. En ce moment le peuple met le feu à plusieurs voitures de fumier pour incendier les bâtiments qui masquent la forteresse et pour asphyxier les assiégés.

Cette députation était composée de MM. de la Vigne, l'abbé Faucher, Chignard, élec-

teur, et Bottidout, député suppléant de Bretagne; ces quatre commissaires se présentèrent trois fois et pénétrèrent jusque sous la voûte d'entrée du côté de la rue Saint-Antoine; ils furent témoins du carnage qui se faisait autour d'eux, tandis qu'ils donnaient lecture aux gens armés de l'arrêté suivant, qui venait d'être pris à l'Hôtel de ville et qu'ils étaient chargés de transmettre au gouverneur de la Bastille :

« Le comité permanent de la milice parisienne, considérant qu'il ne doit y avoir à Paris aucune force militaire qui ne soit sous la main de la ville, charge les députés qu'il adresse à M. le marquis de Launey, commandant la Bastille, de lui demander, s'il est disposé à recevoir dans cette place, les troupes de la milice parisienne, qui la garderont, de concert avec les troupes qui s'y trouvent actuellement et qui seront aux ordres de la ville. Fait à l'Hôtel de ville, le 14 juillet 1789, signé de Flesselles, prévôt des marchands et président du comité; de la Vigne, président des électeurs. »

Enfin, une heure plus tard, on entendit du côté de l'Arsenal, le bruit d'un tambour, accompagné de cris et d'acclamations et on aperçut un drapeau escorté par une foule immense de gens armés; c'étaient des députés de la ville qui voulaient voir le gouverneur.

Celui-ci et les bas officiers qui étaient alors sur les tours, crièrent de faire avancer le drapeau et les députés et d'engager le peuple à se retirer dans la cour du passage. Au même instant, un bas officier nommé Guyot de Fléville, pour prouver que l'intention de la garnison n'était pas de tirer, mit la crosse en l'air et engagea ses camarades à l'imiter, ce qui fut fait.

Le peuple cessa son feu, et les députés entrèrent par la porte de bois dans la cour du passage et purent voir sur la plate-forme un pavillon blanc en signe de paix.

Les députés restèrent dans la cour pendant environ dix minutes, sans avancer davantage, puis se retirèrent dans la cour de l'Orme où ils se consultèrent, et finalement s'en retournèrent. C'étaient M. de Corny, assisté de M. de la Fleurie, du district des filles de Saint-Thomas, de M. de Milly du même district, de M. de Beaubourg, de M. le comte de Piquot de Sainte-Honorine, de M. Boucheron, du district de Saint-Louis, de M. Coutans, commissaire de police de la ville, de M. Joannou, qui portait le drapeau, de M. Six, architecte et d'un tambour du régiment des gardes-françaises. M. de Corny, dans le rapport qu'il dressa à son retour, fit connaître que lui et ses collègues avaient dû se retirer parce qu'au mépris des signaux de paix, ils avaient vu pointer une pièce de canon sur la cour de l'Orme — canon qui ne fut pas tiré, il est vrai, et qu'ils avaient reçu en même temps une décharge de mousqueterie qui avait tué trois personnes à leurs pieds.

Le départ de la députation fut le signal de la reprise des hostilités.

La foule continua à tirer sans résultat sur les bas officiers postés sur les tours et commença à briser à coups de hache les portes du quartier.

Bientôt, les gardes-françaises apparurent et placèrent dans la cour de l'Orme deux pièces de quatre et un canon, plaqué en argent, qu'on avait pris au garde-meuble, et un mortier ; on plaça encore deux pièces à la porte qui communiquait au jardin de l'arsenal.

Un coup de canon à mitraille fut alors tiré de la Bastille.

Mais le nombre des assiégeants augmentait toujours et leurs canons tonnaient.

Par contre, le feu de la Bastille baissait sensiblement.

Vers quatre heures de l'après-midi, le gouverneur, vivement sollicité par ses soldats de rendre la Bastille, et commençant à comprendre qu'il ne pouvait plus longtemps soutenir le siège, prit la mèche d'un canon de la cour intérieure, pour mettre le feu aux poudres qui se trouvaient dans la tour de liberté et voulut faire sauter la Bastille, ce qui eût eu pour résultat de détruire une partie du faubourg Saint-Antoine et toutes les maisons qui avoisinaient la forteresse.

Mais deux bas officiers, Ferrand et Béquard, instruits de ce dessein s'y opposèrent et la baïonnette à la main, ils repoussèrent le marquis de Launey de l'entrée de la tour et de celle de la Sainte-Barbe.

Au reste, il eût été difficile au gouverneur de mettre son projet à exécution, car affolé par ce qui se passait, il avait oublié de demander la clé des poudres, qui se trouvait aux mains d'un porte-clés, qui n'était nullement disposé à la lui livrer.

Tout le monde commençait à perdre la tête dans l'intérieur du château : M. de Launey demandait conseil aux uns et autres et ne voyait toujours d'autre parti à prendre que celui de se faire sauter, plutôt que de s'exposer à à être égorgé par le peuple, à la fureur duquel on ne pouvait échapper.

Et ce qui, en effet, était bien de nature a donner à réfléchir au gouverneur, c'est que les assiégeants semblaient vouloir briser les murailles de la Bastille en se précipitant dessus avec rage ; ils se jetaient à travers la fusillade, et leur nombre était si grand, qu'ils devaient infailliblement arriver au but de leurs efforts.

— Nos corps combleront les fossés, avaient dit quelques-uns.

Et le gouverneur, en voyant cette myriade d'hommes acharnés à l'action, sentait bien que la partie était perdue. Ses soldats lui déclarèrent qu'il était impossible de résister plus longtemps, et qu'il fallait absolument faire monter le tambour sur les tours pour rappeler, et arborer le drapeau blanc, signe de capitulation.

Mais on n'avait pas de drapeau blanc. On était si loin de penser qu'il faudrait capituler ! De Launey arbora un mouchoir pour en tenir lieu.

Les sieurs Ronf et Roulard montèrent sur les tours, hissèrent le mouchoir et firent trois fois le tour de la plate-forme en battant le rappel : cela dura environ un quart d'heure.

Le peuple, tirait toujours sans se soucier ni du drapeau ni du rappel.

Enfin, après que les deux invalides et le tambour furent redescendus, les assiégeants voyant que la Bastille ne faisait plus feu d'aucun côté, s'avancèrent en faisant toujours des décharges jusqu'au pont de l'intérieur en criant :

— Abaissez le pont !

Un officier suisse, adressa la parole aux plus rapprochés de lui pour demander si on voulait accorder à la garnison de sortir avec les honneurs de la guerre.

On lui répondit que non, mais que d'ailleurs, il fallait faire cette demande par écrit.

Il montra alors un papier en le passant par une sorte de créneau qui se trouvait auprès du pont-levis.

On posa une grande planche sur le fossé, et un sieur Réole s'avança vers la muraille, prit le papier et le remit à l'officier Elie qui le lut à haute voix.

Il contenait l'offre de se rendre, et de déposer les armes contre la simple promesse de ne pas massacrer la troupe, et on terminait ainsi : « Nous avons vingt milliers de poudre, nous ferons sauter la garnison, et tout le quartier, si vous n'acceptez pas. »

Elie n'hésita pas.

— Foi d'officier, nous l'acceptons, dit-il, baissez vos ponts.

Au même instant, un homme voulut également passer sur la planche, et avec un bâton armé, il tenta d'agrandir le trou par lequel on avait passé le papier, ou s'assurer de l'épaisseur du mur, mais, il fit un faux mouvement et tomba dans le fossé.

— Abaissez le pont, crièrent plusieurs voix, il ne vous sera fait aucun mal.

Évidemment, ceux qui parlaient de la sorte étaient de bonne foi.

Le pont-levis fut abaissé ; le gouverneur en avait donné la clé au caporal Gaiard.

Elie Maillard, fils d'un huissier à cheval, qu'on devait retrouver plus tard à l'Abbaye, Hulin, le futur général, comte de l'Empire, et qui, était alors attaché à la buanderie de la Reine, Tournay, Réole, Louis Morin, garçon boulanger, Imbert horloger, passèrent.

Mais bientôt, un torrent humain se précipita sur leurs pas, et se jeta sur les soldats invalides qui avaient déposé leurs armes le long du mur à droite en entrant.

Les Suisses qui étaient du côté opposé échappèrent à cette brusque agression ; ils étaient revêtus de sarraux de toile, et on les prit pour des prisonniers. D'ailleurs, on ne les avait pas vus pendant l'action, ils étaient dans la cour, d'où ils faisaient un feu continuel, tant par les créneaux que par les meurtrières qu'ils avait pratiquées.

L'ivresse du combat était dans toutes les têtes ; aussitôt dans l'intérieur du château, ce n'est ce qui se donnerait la joie de casser tout, de briser les portes du logement des officiers, de détruire les meubles, de tout saccager ; mais pendant ce temps, nombre de gens qui étaient restés dans la cour extérieure, tiraient sur ceux qui avaient pénétré dans l'intérieur, croyant qu'ils faisaient partie de la maison.

« Monté au milieu des tours, rapporte le nommé Réole, dans son mémoire, pour faire voir à mes concitoyens que nous étions victorieux, un de mes amis, que je tenais dans mes bras, pour lui témoigner ma joie, reçut une balle dans la bouche et tomba mort à mes pieds.

C'est alors qu'on fit monter un garde-française sur un canon pour nous faire reconnaître et pour qu'on cessât le feu. »

De tous côtés, on demandait le gouverneur en proférant contre lui des menaces de mort, et le *Moniteur universel* raconte ainsi qu'il suit, comme il fut pris et mis à mort.

« MM. Maillard, Cholat, le grenadier Arné et plusieurs des assaillants se disputent l'honneur d'avoir arrêté M. de Launey. Il n'était pas vêtu de son uniforme, il portait un frac gris avec un ruban pouceau, lorsqu'on se précipita sur lui à la Bastille, sa main tenait une canne à épée qu'il dirigeait contre sa poitrine.

« L'intrépide Arné la lui arracha. MM. Hulin, Elie et quelques autres se chargèrent de sa garde et, parvinrent à le faire sortir de la Bastille, non sans éprouver les mauvais traitements du peuple dont le cri général le condamnait à mort. Ils prirent le chemin de l'Hôtel de ville, escortés d'une troupe nombreuse M. Elie, en uniforme, ouvrait la marche portant la capitulation à la pointe de son épée.

« Après lui, venait M. Legris, garde des impositions royales, qui, ce jour-là et les suivants se signala par des actions de valeur ; ensuite, M. Maillard portant le drapeau ; puis le gouverneur, tenu par MM. Hulin et Arné. Immédiatement après marchait M. de Lépine, clerc de M. Morin procureur au parlement.

« Telle était l'escorte de M. de Launey.

« Presque tous ceux qui la composaient pensèrent être victimes de l'acharnement de la multitude contre le prisonnier et de leur zèle à le défendre de la colère générale. Les uns lui arrachaient les cheveux, d'autres lui présentaient leur épée et voulaient le percer. Le malheureux saisi des angoisses de la mort, disait à Hulin :

« — Ah ! monsieur, vous m'avez promis de ne pas m'abandonner ; restez avec moi jusqu'à l'Hôtel de ville.

« Mais la fureur de la foule allait croissant ; son aveugle irritation n'épargnait pas ceux qui escortaient le gouverneur. M. de Lépine reçut sur la tête un coup de crosse de fusil et fut contraint d'abandonner l'escorte à l'orme Saint-Gervais. Hulin lui-même, malgré sa vigueur et sa grande taille, ne put résister à la violence de la multitude. Épuisé par les efforts qu'il avait faits, pour défendre M. de Launey accablé de mauvais traitements, il fut obligé de quitter son prisonnier à la Grève, pour prendre un peu de repos. À peine était-il assis, que tournant les yeux, il aperçut la tête de M. de Launey au bout d'une pique.

« Les dernières paroles que le gouverneur prononça furent :

« — Ah ! mes amis, tuez-moi ! tuez-moi sur-le-champ ; ne me faites pas languir !

« Craignant qu'on ne lui enlevât sa victime, le peuple venait de l'égorger sur les marches de l'Hôtel de ville.

Lamartine juge ainsi cette fin cruelle.

« Telle fut la mort de M. de Launay. Victime de l'honneur, il ne rendit qu'avec le dernier soupir l'épée qui lui avait été confiée par son maître. La cour, l'armée, les royalistes, le peuple ont rejeté odieusement sur lui leur imprévoyance, leur lâcheté, leur sang. L'histoire n'écarte pas ainsi la responsabilité de la tête du vrai coupable pour inculper le seul innocent : il fit son devoir sans hésitation, il combattit sans espérance, il mourut sans faiblesse. Sa faute fut celle de la cour, du maréchal de Broglie et de M. de Bezenval

Une fête dansante sur les ruines de la Bastille, en 1789.

qui n'avait su ni le secourir ne le relever de son poste ».

Pendant que cette scène tragique se passait sur la place de Grève, la foule cherche à s'emparer des autres officiers de la Bastille : l'aide-major M. de Meray; le lieutenant de compagnie des invalides, M. Person; un officier de même grade nommé Caron, et enfin, le major de Losmes. Mais une voix s'élève pour les sauver.

— « Eh quoi! s'écrie-t-elle, votre première pensée est à la vengeance, quand elle devrait être à l'humanité? Vous songez à faire de ces instruments passifs du despotisme de nouvelles victimes au lieu de penser à délivrer celles de la tyrannie. »

La foule s'arrête devant ce cri humain et quelques honnêtes gens en profitent pour se constituer les gardiens de ces hommes et les faire sortir de la Bastille pour les mener à l'hôtel de ville; déjà ils approchaient de la place de Grève, lorsqu'une bande armée les assaillit : le lieutenant Caron tombe, percé de quatre coups de pique, à travers les bras de ses défenseurs; M. de Meray est renversé et immolé à l'angle de la rue des Tournelles; à

son tour le lieutenant Person est arraché à son escorte et tué sur le port au blé; le major de Losmes, arrivé devant le passage voûté qui traversait alors l'Hôtel de ville, est assailli, pris, repris, disputé, déchiré entre ses défenseurs et ses assassins.

Revenons à la Bastille où, au milieu du tumulte, le sous-officier Béquard, qui avait empêché le gouverneur de faire sauter la Bastille, reçut deux coups d'épée et eut le poignet abattu d'un coup de sabre. Sa main fut portée en triomphe dans toutes les rues de Paris; son cadavre fut enlevé de la Bastille et conduit à la Grève où on le pendit.

Quant aux soldats suisses et aux soldats invalides, ils furent sauvés; 22 de ces derniers avaient été menés à l'Hôtel de ville et un officier leur dit :

— Vous avez fait feu sur vos concitoyens, vous méritez d'être pendus et vous le serez sur-le-champ.

— Oui! oui! clamèrent les assistants, livrez-nous-les que nous les pendions.

Mais les gardes-françaises, qui avaient conquis la faveur populaire pendant cette journée, implorèrent leur grâce et purent l'obtenir; le sergent Marqué fit placer les invalides et les suisses au milieu du détachement de gardes-françaises qu'il commandait et les conduisit, par la place des Victoires, jusqu'à la caserne de la nouvelle France.

Les autres se dispersèrent dans les différents districts.

En somme, la prise de la Bastille coûta aux assiégeants 80 morts et 88 blessés ; du côté des assiégés, il n'y eut qu'un homme tué pendant le combat et six ou sept massacrés après la reddition de la forteresse.

Dans l'ivresse de la victoire, on avait oublié les captifs enfermés dans la forteresse et, quand on y songea, il fallut enfoncer les portes des chambres et des cachots ; les geoliers n'avaient plus leurs clés, les vainqueurs les leur avaient prises pour les promener en triomphe dans les rues.

Ces portes enfoncées, on trouva dans la tour de la Comté un fou appelé Tavernier ; dans celle de la Bertaudière un autre fou appelé de Whyte, et le comte de Solages, qui depuis 32 ans était en captivité sur l'ordre de son père ; dans la tour de la Bazinière deux faussaires : Pujade et Laroche ; dans la tour des puits un troisième faussaire appelé la Caurège, et enfin dans la tour du coin un quatrième faussaire du nom de Béchade.

En tout sept prisonniers.

« Tout est mis en combustion, lisons-nous dans le Moniteur universel, depuis le comble des tours jusqu'au fond des souterrains. L'or, l'argent sont au pillage. On dévaste les archives ; une foule de documents, de manuscrits, de registres, sont jetés dans les fossés, dispersés, foulés, égarés et tombent dans les premières mains qui veulent les prendre. On enlève d'anciennes armes, effrayantes par leur forme aussi bizarre que meurtrière, et jusqu'à des chaînes. On emporte aussi de funestes entraves, dont quelques-unes usées par le frottement journalier, excitent le frémissement et l'indignation, en rappelant la multitude des infortunés dont elles ont fait le tourment habituel ».

Vers six heures du soir, le cortège des vainqueurs se mit en marche pour l'Hôtel de ville avec les trophées, les canons, les prisonniers et le règlement de la Bastille porté au bout de la baïonnette du tailleur Quigon ; enfin les clés de la forteresse que l'Assemblée nationale plaça dans ses archives et qui sont aujourd'hui déposées aux archives nationales.

Le 16, l'assemblée des électeurs ordonna l'évacuation complète de la Bastille, ce qui n'était pas chose facile à obtenir ; le peuple, maître de la forteresse, ne semblait nullement disposé à l'abandonner ; il est probable

que ceux qui se trouvaient à la tête du mouvement révolutionnaire, voulaient la conserver et la remettre en état de défense pour en faire une place d'armes, mais la population parisienne tenait à la démolir et nombre de gens s'étaient déjà mis à la besogne ; les uns faisaient tous leurs efforts pour jeter les canons de la plate-forme dans les fossés, d'autres avec des pics et des marteaux, tâchaient de démolir les murs, et parmi tout ce monde empressé à détruire, se trouvaient comme toujours de soi-disant patriotes qui faisaient main basse sur tout ce qui était à leur convenance.

L'assemblée avait nommé un commandant provisoire, le sieur Soulès, chargé de garder la Bastille avec l'aide d'une quarantaine d'habitants du quartier.

Mais, pendant la nuit, une patrouille commandée par un jeune avocat nommé Danton, s'y présenta et entra malgré les sentinelles qui avaient reçu l'ordre de ne laisser pénétrer personne.

Danton, de son autorité privée, fit arrêter par ses hommes le commandant Soulès, et le fit conduire au bureau du district, à la grande satisfaction de tous ceux qu'il avait chassés de la forteresse et qui étaient enchantés de l'en voir expulsé à son tour. Et comme Danton l'accusait d'être un agent de la cour, peu s'en fallut qu'il fût massacré pendant la route.

Le marquis de Lafayette qui avait été investi du commandement en chef de la garde nationale, confia alors la Bastille à une patrouille appartenant au district de l'Observatoire ; mais alors, dans la nuit qui suivit, une autre patrouille du district des cordeliers, commandée par un acteur de la Comédie-Française voulut à son tour s'y introduire de vive force et n'en fut expulsée que le lendemain.

Il était désormais impossible de se flatter de l'espoir de conserver la Bastille, sa démolition fut ordonnée ; mais, au préalable, Dussaux et trois commissaires furent chargés de faire transporter tous les papiers qui se trouvaient encore répandus partout de la Bastille à Saint-Germain des Prés où était déjà établi un dépôt d'archives et de documents publics.

Le 19, M. Hubert Pascal Ameilhon, bibliothécaire de la ville, réclama l'envoi de ces papiers à la bibliothèque municipale, ce qui fut fait et l'assemblée nationale décréta la création d'une commission chargée d'examiner ces documents et de les publier.

Quant à la démolition, ce fut le sieur Palloy qui reçut la mission de renverser cet amas de pierres qui se dressait là depuis quatre siècles, sous la direction d'un comité d'architectes nommé par l'Hôtel de ville et composé de Jaillier de Savault, Poyet et la Poize de Montizon, et les pierres provenant de la démolition de la vieille forteresse furent employées à la construction du pont de la Révolution (pont de la Concorde) afin qu'elles fussent foulées aux pieds.

Palloy fit en outre exécuter avec les pierres de la forteresse quatre-vingt-trois modèles en petit de la Bastille dont il fit hommage à chacun des départements, afin de perpétuer « l'horreur du despotisme ».

Ces curieuses miniatures du monument étaient portées par des envoyés que Palloy avait organisés en société, et à qui il avait donné le nom d'apôtres de la liberté.

Les pierres de la Bastille devinrent à la mode; elles figurèrent dans les fêtes publiques couvertes d'inscriptions et les femmes en portèrent de petits fragments, sertis en bijoux, dans leurs parures.

Le bois, le fer, le plomb provenant des démolitions, furent également employés par Palloy à la fabrication d'une multitude d'objets, médailles pour les députés, épées, jouets d'enfants, outils, et emblèmes de toute nature.

Dans leurs cahiers, les électeurs du tiers état de Paris avaient, le 10 mai précédent, émis le vœu que la Bastille fût rasée et qu'on élevât sur son emplacement une colonne avec cette inscription : *A Louis XVI restaurateur de la liberté publique*. Cette proposition fut reprise et votée d'acclamation par les électeurs le 17 juillet, lors de la visite de Louis XVI à l'Hôtel de ville. Toutefois, on n'éleva point le monument projeté; l'emplacement de la Bastille demeura pendant la révolution un des centres principaux des assemblées et des fêtes populaires. Au 14 juillet 1790, on y planta un bois artificiel au milieu des ruines; 83 arbres couverts de feuilles y représentaient les 83 départements. La pique populaire se dressait au milieu du feuillage, surmontée du bonnet de la liberté. Des chaînes et des grilles brisées, des symboles caractéristiques, rappelaient à la foule la victoire de l'année précédente et, le soir, le peuple parisien, les fédérés et des envoyés des départements dansèrent au son des instruments et à la clarté des illuminations.

A chaque entrée de ce bois ou quinconce (dont le tracé figurait le plan de la Bastille), on lisait cette inscription : *Ici l'on danse!*

Le 10 juillet 1791, ce fut aussi sur l'emplacement de la Bastille qu'on déposa le cercueil de Voltaire qui devait être porté le lendemain au Panthéon. On avait, avec des pierres de la prison, construit un rocher sur-

monté de figures allégoriques et offrant cette inscription : *Reçois en ce lieu où t'enchaîna le despotisme, Voltaire, les hommages que te rend la Patrie.*

En 1792, Palloy proposa à l'Assemblée législative d'élever une colonne à la liberté sur l'emplacement de la Bastille avec les matériaux qui restaient encore de cette forteresse. L'érection de cette colonne fut décrétée et la première pierre en fut solennellement posée le 14 juillet, en présence des autorités de la ville de Paris. On avait placé dans une boîte de cèdre la déclaration des droits de l'homme gravée sur des tablettes d'airain, une copie de la Constitution, des médailles frappées avec du fer provenant de la Bastille, des monnaies, des assignats, la liste des tués pendant le combat qui avait précédé la prise, des outils, du bois, du fer etc., des cendres des anciens titres de noblesse qui avaient été brûlés furent mêlées au ciment, et sur la pierre qui était préparée était gravée l'inscription : *En présence de Louis XVI*. Le roi s'étant dispensé d'assister à la cérémonie « bien qu'invité », le président de la députation de l'Assemblée gratta cette inscription.

Les orages de la Révolution empêchèrent l'exécution du projet d'érection.

Le 10 août 1793, on éleva sur la place de la Bastille la fontaine de la Régénération; une statue colossale en plâtre représentait la nature pressant ses mamelles et en faisant sortir deux jets d'eau qui tombaient dans un bassin et où les commissaires de la Convention vinrent puiser avec une coupe d'agate l'eau régénératrice qu'ils burent tous à la ronde.

Un décret impérial du 24 février 1811, décida qu'on y construirait une fontaine en bronze dont l'eau jaillirait de la trompe d'un éléphant colossal haut de 24 mètres, y compris la tour qu'il porterait sur son dos. « L'éléphant destiné à orner la fontaine de la Bastille sera coulé en bronze. La matière de ce monument ne sera pas comprise dans la dépense; elle sera fournie par nos arsenaux, et notre ministre de la guerre affectera à cette destination les pièces de bronze qui ont été prises dans la campagne de Friedland. »

Ce monument ne fut jamais exécuté qu'en plâtre. Les vieux Parisiens se souviennent encore d'avoir vu le gros éléphant sur la place de la Bastille; ils se rappellent aussi qu'il était devenu le quartier général de tous les rats de l'arrondissement : il en sortit de ses flancs une véritable armée lorsqu'on le démolit. On l'avait peint en vert et vers 1840, on avait eu de nouveau l'idée de le couler en bronze et de le transporter à la place du Trône. Ce projet ne fut pas exécuté.

Une ordonnance royale du 6 juillet 1831 prescrivit l'érection d'un monument funéraire en l'honneur des victimes des combattants de juillet 1830, et l'emplacement choisi fut le centre de la place de la Bastille. La première pierre fut posée par le roi Louis-Philippe le 27; néanmoins, les travaux ne commencèrent qu'en 1833, sur les dessins d'Alavoine; elle fut continuée à la mort de ce dernier par M. Duc et achevée et inaugurée en 1840.

Elle est terminée par le Génie de la liberté qui s'envole en brisant ses fers et en semant la lumière, on ne pouvait choisir un emblème plus significatif pour rappeler aux Parisiens que toute révolution, pour être féconde, doit avoir pour but suprême le triomphe de la liberté.

Dans sa séance du 26 juin 1880, la Commission des inscriptions parisiennes a décidé l'application de deux plaques nouvelles en marbre noir avec inscriptions gravées en lettres dorées, destinées à consacrer le souvenir des faits que nous venons de rappeler.

L'une de ces plaques sera posée sur la maison portant le n° 3 de la place de la Bastille; elle indiquera le périmètre de la Bastille et rappellera les dates de la construction et de la démolition de la célèbre prison d'Etat.

L'autre, appliquée sur la façade de la maison portant le n° 232 de la rue Saint-Antoine, à l'angle de la rue Jacques-Cœur, sera ainsi libellée :

ICI ÉTAIT L'ENTRÉE DE L'AVANT-COUR
DE LA BASTILLE
PAR LAQUELLE LES ASSAILLANTS PÉNÉTRÈRENT
DANS LA FORTERESSE
LE 14 JUILLET 1789.

Le 14 Juillet 1789, l'heure de la liberté venait de sonner, le peuple se rendit maître de la Bastille; il avait dit : Nous comblerons les fossés de nos cadavres s'il le faut, mais nous voulons détruire cette sombre forteresse du despotisme.

C'est avec joie que le peuple put danser sur ces ruines.

A partir de cette date mémorable, la liberté commença à faire le tour du monde.

Ayons donc l'espoir que, par sa sagesse et sa modération, la troisième République recueillera les fruits de ce grand acte, et que non seulement la liberté profitera à notre chère France, mais encore à l'humanité tout entière.

Éléphant. Modèle de la fontaine qui devait être placée sur la place de la Bastille.

Sceaux. — Impr. CHARAIRE et fils.

49

www.ingramcontent.com/pod-product-compliance
Lightning Source LLC
LaVergne TN
LVHW022156080426
835511LV00008B/1423